U0540551

# 每个**叛逆**的孩子，都只是**想长大**

姜振宇 著

长江出版传媒 长江文艺出版社

图书在版编目（CIP）数据

每个叛逆的孩子，都只是想长大 / 姜振宇著. --武汉：长江文艺出版社，2023.11
ISBN 978-7-5702-3248-2

Ⅰ.①每… Ⅱ.①姜… Ⅲ.①青少年－青春期－家庭教育 Ⅳ.①G782

中国国家版本馆 CIP 数据核字(2023)第 139641 号

每个叛逆的孩子，都只是想长大
MEIGE PANNI DE HAIZI,DOU ZHISHI XIANG ZHANGDA

| 责任编辑：刘兰青　龙子珮 | 责任校对：毛季慧 |
| --- | --- |
| 装帧设计：柒拾叁号 | 责任印制：邱莉　王光兴 |

出版：长江出版传媒　长江文艺出版社
地址：武汉市雄楚大街 268 号　　邮编：430070
发行：长江文艺出版社
http://www.cjlap.com
印刷：武汉科源印刷设计有限公司

开本：880 毫米×1230 毫米　1/32　　印张：8.875
版次：2023 年 11 月第 1 版　　2023 年 11 月第 1 次印刷
字数：162 千字

定价：46.00 元

版权所有，盗版必究（举报电话：027—87679308　87679310）
（图书出现印装问题，本社负责调换）

# 前言

## 叛逆期，是头疼的折磨，还是绝佳的机会？

我有一个小孩今年12岁，和宝宝时期相比，他身上已经出现了大量不一样的变化，这些变化有的时候真的很让人恼火，但是仔细一想又确实都有可以独立自恰的逻辑。这些奇怪的举动，从家长的角度看会不容易理解，但如果换成孩子的视角，从他的角度又的确是有合理性的。

我的另外一个孩子今年16岁，已经变得比较成熟，度过了青春期最让家长抓狂的阶段。在陪伴他成长的这几年里，有成功的经验，也有错误方式的教训，但整体很好，现在我们父子之间还可以乐呵呵地聊很多话题，彼此非常亲近、信任，关系融洽。

所以，怎么样在青春期这个如此敏感也非常关键的时期做合格的父母，做不惹祸、不减分、不犯错的父母，是我一直在研究的事情，其间遇到了很多挑战，也取得了很好的效果。

在心理学界，关于青春期有一系列的研究成果，但并不是我们普遍想象中那样，青少年就是长个儿、长身体、长痘痘、第二性征发育，然后叛逆。孩子的青春期变化不仅仅是这些表象的变化，还有着更深层次的生理上和心理上的变化，需要父母学习和理解，然后才能用最踏实的心来面对和处理。

所以我写这样一本书，是希望和同样是做父母的兄弟姐妹们一起来分享这些宝贵的信息。我们一起来交流看看，怎么样能够在孩子们最需要你，但是表面上又和你不那么亲近的关键阶段，来做到自己不减分，甚至可以做到很多好的事情去加分。

那么，什么人需要看这本书？

首先，家长一定要先看。

家长看完之后，再决定要不要给孩子看。

如果作为家长，你觉得自己可以掌控住孩子的各种反应，那么也可以给他们看，但一定要保证，自己先看懂、接受、理解，并有能力付诸实施。

这本书就是希望能够给家长一些启发，帮助大家处理好孩子们在青春期这个范围内常见的一些现象和问题，克服很多的误解和偏见，让家长可以帮助孩子们成长为自信、有能力、积极阳光而且与爸爸妈妈亲子关系非常棒的强大的小朋友。

那么一定会有家长问，小孩儿几岁的时候我才最适合来读这本书？

很好的一个问题。

如果你们家的小朋友已经开始上小学了，比如说小学一年级，我强力推荐从这时你就开始读这本书，开始储备你和孩子之间的良好关系。

事实上，如果等到孩子到青春期了你再来读这本书，时间略晚，效果略差，因为很多爱和信任以及亲子互动方式，是从小时候就需要开始积累的。

所以，我建议最理想的时间，是从孩子六七岁左右，家长就开始读这本书。当然，如果你家的小朋友正好处于10岁出头这个年龄，也来得及，毕竟他们刚刚开始剧变，只要你学习完这本书的内容，就能用正确的方式对待他们的种种"不顺溜"。如果孩子已经过了高中阶段，那么这本书的"药效"就会大幅地下降，因为在那个阶段的青春期已经接近结束了，此前的冲突、矛盾和情绪积累，改善起来比较吃力。

据心理学家的统计，全球的孩子平均进入青春期的起始时间是10岁，其中女生普遍在10岁左右，男生则稍微晚一点，大概在12岁左右，所以你可以参考这个数据来判断自己孩子处于青春期的哪个阶段。

另外，还有一个重要的原因，那就是孩子在进入青春期之前，实际上还会悄然发生一个非常重要的变化。

孩子身体发育的高峰是从10岁左右开始，但是在此之前，孩子们的大脑已经悄然出现了高速的爆发式的性能增长。从小学开始，你就会发现孩子已经有一些变化了，比如他们每天写作业时的专注力和持续时间，他们情绪上的波动和自控的能力，都会渐渐显现出和小时候完全不一样的状态，其实就是因为他们的大脑在身体之前悄然发生了微妙但剧烈的变化。微妙是不显著，容易被家长忽略，剧烈是内部变化幅度很大。

所以，对于家长来说，最好是能够未雨绸缪，从这个阶段开始就接收这本书里的专业知识，去理解孩子们这种预热性的内部变化。

那么为什么到高中以后就没有用了呢？

因为青春期基本上到20岁就结束了，那个时候的他已经成长为独立的人格（可能很好，但也可能不健全），再去用我们这本书里面所教授的观点、方法和思维，恐怕就有点晚了。

如果你现在是已经结婚并有了宝宝的，但是小朋友还在两三岁这个婴幼儿期，我觉得倒是没有必要过早来读这本书。对于小宝宝，需要的就是生活上的照顾和纯粹情绪的温暖和安全，不需要动用太复杂的理解和对待策略。

最后开个小玩笑，如果你还没有孩子，这本书有没有"药效"呢？

也是有的。

因为你可以用这本书的观点来回顾一下，自己的青春期当时是怎么度过的，是很波折，还是很温馨？你现在所具备的一些特征和能力，包括对恋爱的观点、交朋友的本领等，其实很大程度上都源自青春期期间得到的反馈。

作为成年人的自己，对过去的成长进行科学的复盘，可能会让你对很多问题释然，并且努力补齐当前的种种不足。

诚心祝愿各位，生活愉快！

# 目录 contents

## 篇章 1 看见变化

### 第一章 强壮的身体发育，带来了迷之自信

1. 假设孩子是你的同事
   ——跳出习以为常的认知 / 003

2. 从仰视到平视
   ——无法克制的生理性自信 / 006

3. 确实是被"打了鸡血"
   ——内分泌影响 / 010

4. 大脑性能从"宝宝态"变为"成人态"
   ——发育突进 / 012

5. 利用"修剪"原理训练大脑
   ——用进废退 / 015

6. 总结：应该如何应对孩子的巨变？
   ——接受事实，调整定位 / 018

### 第二章 爱美怕丑，自己就站在舞台的中心

1. 每天照镜子 100 遍
   ——变化太大，不得不看 / 021

2. 害怕身体会"失控"
   ——发育中的 3 种奇怪现象 / 024

3 开始讲究穿衣打扮
　　——群体性社交 / 028

4 谁还没个偶像
　　——群体文化 / 031

5 认为自己是世界的焦点
　　——假想观众现象 / 035

6 爱美怕丑如果超越了边界
　　——饮食障碍 / 038

7 如何帮助孩子？
　　——家长能做 3 件事 / 040

8 总结：如何为孩子建立健康的审美观？
　　——深度参与，用高级替换低级 / 043

## 第三章 突然冷漠，想和父母保持"成年人"的距离

1 别失落，孩子依然爱你
　　——心的容量变大了 / 047

2 成熟的身体里装着孩子的心
　　——性早熟的影响因素 / 051

3 认知升级，从"我"变成"你我他"
　　——边界意识萌芽 / 055

4 脑洞大开，幼稚的逻辑自成一体
　　——爱上抽象思维 / 058

5 面对胡搅蛮缠，请"认真"和他们争辩
　　——思维不成熟的 6 种表现 / 061

6 冷静应对，要"潜伏"不要"退出"
　　——设定边界，接受试错 / 066

7 总结：如何改变孩子的"冷漠"？
　　——不动声色，暗中引领 / 068

# 篇章 2  解决问题

## 第四章 交友变得广泛，认真确定自己和这个世界的关系

1. 社交成熟，人才能成熟
   ——社交训练 / 075

2. 在孩子眼里，同龄人更酷
   ——学习新的相处规则 / 077

3. 孩子的审美决定了未来世界的样子
   ——确立社会审美 / 080

4. 接受心理磨砺才能适应环境
   ——学习竞争 合作与处理矛盾 / 083

5. 不要打散青春期的小团体
   ——主从关系，建立自信 / 085

6. 远离坏人，互联网防御难度五颗星
   ——不越界，不放大，不失控 / 089

7. 避免交友不慎的终极定律
   ——青少年喜欢和经历相似的人在一起 / 094

8. 科学应对青春期的情感萌动
   ——不支持，不扼杀 / 098

9. 总结：如何应对青春期交友问题？
   ——斗智不斗勇，培养孩子稳定向好的心态 / 101

## 第五章 成绩开始波动，大脑内在上演信息争夺战

1. 孩子成绩下降其实是家长的问题
   ——管好边界，填好内容 / 105

2. 道理都懂，就是不照做
   ——冲动和情绪管理 / 107

3 喜欢刺激，容易上瘾
　　——动机和成瘾管理 / 110

4 持续训练才能"长脑子"
　　——用进废退 / 113

5 孩子的本质其实热爱学习
　　——大脑喜欢解决问题 / 116

6 先解决对成绩影响最大的因素
　　——自我效能感 / 119

7 舍不得自己，"套"不着好孩子
　　——深度参与，优化环境 / 127

8 总结：如何让孩子的好成绩水到渠成？
　　——三个层次的家长执行标准 / 132

## 第六章 狂热追星，追求自己的特立独行

1 怎么会喜欢一些"乱七八糟"的音乐？
　　——代际审美差异 / 135

2 你们争论的也许都不是同一个东西
　　——不做恶人 / 139

3 爱恨分明，"我酷故我在"
　　——人格独立化阶段 / 141

4 过度沉迷，可能被诱导成瘾
　　——找到"原版"代替 / 145

5 总结：如何正确引导孩子对流行文化的审美？
　　——深度参与，用好的替代差的 / 148

## 第七章 别较劲,叛逆的孩子只是在挣扎中寻找正确

1 叛逆,只是因为想长大
　　——憋屈背后的真相 / 151

2 在孩子眼里,你是正确的强者吗?
　　——亲子认知差异 / 155

3 "学习和上班挣钱,哪个更有价值?"
　　——应对孩子的质疑 / 158

4 挑战家长,只是孩子寻找正确的方法之一
　　——规则不同步 / 161

5 孩子的决策系统是一座敏感的天平
　　——抓大放小 / 164

6 该吵就吵,学会和孩子"好好吵架"
　　——有目标,有控制 / 168

7 三个重要因素,影响孩子的叛逆程度
　　——家长承受边界 / 171

8 总结:如何顺应规律平稳度过叛逆期?
　　——当好教练,做好陪跑 / 174

## 篇章 3　高维认知

### 第八章　建立行为边界，远离青春期的高危风险

1. 人为什么会抑郁？
   ——求而不得 / 179

2. 抑郁一定会表现得悲伤吗？
   ——双相情感障碍 / 183

3. 什么情况下，容易沾染恶习？
   ——七大风险因素 / 186

4. 为什么会出现反社会行为？
   ——恐惧建立"假"边界 / 189

5. "年龄还小"到底是谁做错事的借口？
   ——纵容会破坏边界 / 192

6. 总结：如何让孩子远离高危行为？
   ——建立支持性关系，确立行为边界 / 196

### 第九章　最优家庭教养方式，积累优秀的亲子关系

1. 家长需要一直保持镇定和正确吗？
   ——权威型教养 / 200

2. 如何正确地表达失望与鼓励？
   ——习得性自信 / 205

3. 什么样的孩子会习惯忍耐与顺从？
   ——专制型教养模式 / 209

4. 什么样的孩子易陷于失望与愤怒？
   ——溺爱型教养模式 / 212

5. 什么样的孩子会经历更多的试错曲折？
   ——放任型教养 / 214

6 总结：如何建立温暖而富有支持性的家庭关系
　　——选择最优家庭教养方式 / 216

## 第十章　人格同一性，破解青春期自我设定的迷茫与困惑

1 每个青春期都是一场重要的解谜
　　——人格的同一性 / 219

2 "我要成长为一个什么样的人？"
　　——父母能帮上忙的三件事 / 223

3 最佳状态：理智自信，想不强大都难
　　——同一性获得 / 225

4 第二种状态：固执己见，对强者顺从
　　——同一性早闭 / 229

5 第三种状态：犹豫不决，认真却没主见
　　——同一性延缓 / 232

6 第四种状态：不要压力，不要变化，不要负责
　　——同一性扩散 / 234

7 困惑：突然开始撒娇卖萌，越长越小了吗？
　　——同一性混乱 / 236

8 总结：如何培养出三位一体的优秀人格？
　　——开放度＋做决定＋担责任 / 239

## 第十一章　大五人格——培养孩子优秀人格的参考体系

1 找到主心骨：培养孩子的五大方向
　　——大五人格体系 / 242

2 优势成长，尊重孩子的内外向天性
　　——扬长避短 / 244

3 高宜人性，获得和谐的关系与富足的内心
　　——社交能力 / 248

4 高尽责性，成为值得信赖的人
　　——信任感 / 253

5 高开放度，接受更优才能不断前进
　　——思维模式 / 256

6 控制情绪，不惧怕任何困境
　　——情绪控制能力 / 259

7 总结：教养过程中遇到困惑与迷茫时如何应对？
　　——言传身教，心如明镜 / 262

## 篇章 1 看见变化

# 第一章 强壮的身体发育，带来了迷之自信

青春期的孩子，身体在飞速地发育成熟，很快他们的身体就跟大人一样，同时他们的大脑性能又处于人生当中最高峰的阶段，处理数据、观察和反应的速度都远远地超越成年人的平均值，这就是青春期孩子的现状。

## 1 假设孩子是你的同事
### ——跳出习以为常的认知

孩子飞速变化,对家长来说可能并不值得多么重视。毕竟,从小养到大,又是天天看着长大,习以为常了。

但是,我们换个角度来重新思考。

如果现在有一个人,他不是你的孩子,而是你的一位同事。这位同事比你年轻些,身体比你好用(更敏捷、更健康、更有能量),脑子比你聪明,头脑中的知识储备更丰富,人际交往的能力更优秀,请问你会用什么态度和他相处?

我相信很多家长已经明白了这个角度的转换。

青春期的孩子和同事之间的差别是什么?

差的就是头脑中存储的知识量和人际交往能力,但是客观上,他们的身体性能和大脑硬件性能已经优于或等于家长了,我们必须要正视这一点。

根据心理学的统计研究,青春期是一个综合的概念,它的整体时间其实非常长,一般来讲,孩子是10岁左右开始进入青春期,一直会持续到20岁左右才完结。

我们日常所说的"青春期"这个词还不太一样,它在学术上叫作"发身期"(发育身体的时期)——女生平均值是10岁到16岁,男生平均值晚一点,是12岁到18岁。在这个发身期的阶段,孩子们会高速成长,表现为两个方面:一方面是长个儿、长肌肉,能跑、能跳、能折腾;还有一方面就是内在的性成熟,获得生育能力。

另有一条重要信息,家长要做到心里有数。由于营养、社会环境、教育等因素的变化,大部分孩子青春期的起始时间都有普遍提前的趋势。所以,家长必须要接受这两个客观的事实:一方面,他们长大了,个子跟你一样了,身体比你的好用;另一方面,他们性能力开始成熟了,放在过去,这时就准备嫁人、生娃或者下农田干活了,是家里接近平等地位的一口人了。

在这个阶段,家长要非常明确一个客观事实,你的宝宝已经不是原来那个可爱的宝宝了,**他或者她已经在生理上要变成一个大人了。**这句话一点儿都不夸张,孩子们不管是个子还是运动能力,还是内在的生殖能力,就是朝着大人的方向在变化。我们为什么要强调这个呢?仔细想一下,因为很多家长没有意识到要调整自己的心态,因为朝夕相处,仍然觉得自己是在面对一个宝宝。而事实上,你正在面对的是一个即将变成大人的独立个体。

这就又回到了我们举的同事的例子。如果关系健康的话，那么我们面对成年的同事应该用的心态和态度，就应该是此刻给自己的心态调整方向。不是说马上就要变得平等、客气和彬彬有礼，而是要告诉自己：很快，对面的孩子就会期待你能这么看待他/她，并用对待成年人的平等态度来对待他/她。

所以，家长从这个阶段开始，就必须要小心翼翼地来应对孩子们的快速变化。原来的孩子是听话的宝宝，他们眼中所看到的父母是那种高大威猛、知识丰富、懂得多、说什么都有道理的大人。现在，孩子高速发育，身体和心理都远离"听话的宝宝"而去，他们会觉得自己身体比你好，脑子比你灵光，甚至上了初中之后，认为自己的知识储备量也比你强。如果家长还没有变化，按照过去的心态和方式，想继续占有天然优势地、自上而下地面对孩子，那么必然会遇到非常多的摩擦。这些摩擦其实完全没有必要出现，只要你懂得调整心态，就完全可以避免。

如果你想要掌控住青春期的孩子，继续获得良好的亲子关系，就必须要切换自己的思维，把心态设定为"面对一个优秀的同事"（至少他们的主观感受会觉得自己足够优秀）。

## 2 从仰视到平视
### ——无法克制的生理性自信

接下来,请家长们仔细思考每一个数据的意义,具体想想它们是多么令人感到震撼。

据统计数据表明,在"发身期"短短的三四年的时间里面,青少年平均的体重增长是 18 公斤,身高平均增长是 25 厘米。很多孩子在小学五年级的时候还是个小孩的样子,初一时就已经是 1 米 6 或 1 米 8 的大人身形,跟爸妈一样高了。大家不要小看这个身高和体重的问题,我们换一个角色,一下就能明白这个变化的影响所在:从孩子的视角来看,他们对家长原来是纯仰视,现在因为身高的变化,十几年的仰视突然有一天变成平视了,就是物理意义上的平视,他们自己也没想到,也很难平视着把自己继续当宝宝。孩子能平视家长后,他们心里的感受就是,"我现在跟我爸差不多高(或者我现在已经比我妈高了),那么我是不是其他方面也该和爸妈差不多了？"这就是那一点微妙的变化。而的确，接下来他们会从各种角度感受自己的新身体、新头脑、新情绪和新能力，不断验证这个微妙的新视角。

在动物的世界里面，如果两代动物个头一样大了，速度一样快了，力量一样强了，那么基本上它们就是竞争关系了。所以这一点微妙的心理状态的影响，在人类的潜意识里面还是起作用的，即他看你的视角产生了变化的话，那么他对待你的态度，就会有一个潜移默化的变化。

当孩子进入青春期阶段之后，家长的自我身体感受普遍已经从年轻时的巅峰状态下滑很长时间了。辛苦十几年把孩子养到这么大，有很多家长在一觉睡醒之后不再感觉到精力旺盛和浑身舒服了。夜里睡不好，睡醒了觉得累；不管原来身体有多棒，但十年辛苦养育和日常沉重的工作，总会让家长觉得疲惫不堪。年轻的时候睡醒了伸个懒腰，觉得哪儿都有劲儿，这种特别开心的日子已经一去不复返了。

然而，孩子们对自己身体的感受可太不一样了！他们睡醒之后一睁眼、一翻身，通体舒畅，愉快的一天又开始了！他们每天都有用不完的精力，每天脑子里面充斥着各种有趣的想法，充满期待的兴奋。这种身体感觉会让他们产生天然的舒适和自信。我们都年轻过，我们年轻时也是这样。

一个人身体感受好、精神愉悦，内心又感受到强烈的自信，他就敢于去尝试所有的事情。再加上随着他们本身肌肉骨骼的快速发育以及神经系统的快速健全，孩子们的运动能力会自然地大幅增强。

家长们要注意这一点。

运动能力强不仅意味着基础的跑、跳、投越来越强，孩子们的力量、速度、敏捷性越来越强之后，他们的大脑在狂野的运动中是有快感的，不但能够感受到那种风声从耳旁呼啸而过的急速奔跑的快感，还能感受到身体里能量燃烧的快感。而且，他们一旦表现得好，比如说跳得高，打篮球帅或者是玩滑板很酷，同龄人会尖叫、崇拜、喜爱——这种感觉特别棒！所以，孩子们主观上感受到的是自己的身体特别好用，什么都能做，他们喜欢蹿高蹦低，甚至有的孩子会大胆地觉得自己根本就不会受伤，这也是为什么那些高速、刺激、危险的极限运动能吸引好多孩子痴迷的原因所在，孩子们就是自信到这种程度！

即使不小心受伤了，以他们新陈代谢的速度，很快就能恢复。同样的伤，比如说膝盖扭了一下，或者是软组织挫伤，以家长的年龄怎么也得十天半个月恢复，而且还不一定能好利索，而对孩子们来说，三天就没事了。这在另一方面也强化了他们的自信。

这种自信是实实在在的生理性自信，不是狂妄自大，这种自信很难被其他人撼动。你说"儿子，不许骄傲要谦虚""姑娘，咱们得表现出大家闺秀的样子，还要低调一些，不要太张狂",对不起,人家孩子从内到外的感受就不认同。

所以,我们家长要做到的就是,你不要觉得孩子嚣张,不要怪他们膨胀,这不是他们主观态度上的无知傲慢,他们是无辜的,因为他们其实都不知道自己在产生这种变化,他们也不觉得自己有什么错,这一切都是生理变化的客观影响。从神经系统到骨骼肌肉,再到血液循环,无一不是最好的感受阶段。而且不止这些,孩子们身体里的内分泌也在产生着巨大的影响,例如,肾上腺素机能在变得成熟和强大。

## 3 确实是被"打了鸡血"
### ——内分泌影响

科学研究的结论表明,在青春期的第一阶段,也就是上小学这个阶段,肾上腺机能开始慢慢增强,肾上腺变得成熟。肾上腺分泌出来的腺体是让人心跳加快、循环强化,可以让人变得非常兴奋、不畏疼痛,甚至可以用来救命。在电影中我们经常看到,一个特工受伤垂死,如果给他打一针肾上腺素的话,他会马上变得精力饱满、兴奋、忘记疲惫甚至不觉得疼痛,这就是肾上腺的作用。另外,肾上腺还能提高雄性激素水平(女生身体内也有雄性激素),而这种雄性激素会让人有力量感,会有进攻性,能够增加勇气。所以,大家可以想想看,这帮小家伙儿身体的"小炉子"里源源不断地开始分泌大量的肾上腺素和雄性激素,他们会是什么感受?

统计表明,儿童在10岁左右,身体里的雄性激素的水平是1岁到4岁时候的10倍,所以小宝宝小的时候很可爱,但是一旦进入发身期，变化就会很大，老是特别有劲儿，老是各种折腾，还经常奇奇怪怪突然大喊、大叫、大笑，好像在故意破坏你前面十几年培养出来的教养一样。现在明白了身体里的变化，我们就可以明白，不是他们"变坏"了，他们是被"打了鸡血"的，而这个事不是他们自己能够选择和克制的。如果你的孩子没有这样的状态，而是每天都无精打采的，这才是值得担心的状态。

最后，还要再请你来转换一下角度，思考自己的处境。孩子们能跑、能跳、能叫、能闹，但是他们眼里看到的父母是什么样的状态？要是父母精神奕奕的就还好，但也很难像孩子们那样精力旺盛，他们看到父母更多时候是疲惫、低落、烦躁的，甚至动不动就发脾气，或者会时时长吁短叹。孩子们可能并不会特意思考什么，但总能产生一个隐隐的结论。

这个结论大概是什么样的呢？

想象一下，在初中或者高中班里，那些运动成绩很差的、每天无精打采的"软绵绵"的同学，会遭受到什么样的待遇和眼神？那么，孩子们对你的感受和评价，就差不多是这样。

# 4 大脑性能从"宝宝态"变为"成人态"
## ——发育突进

除了身体的变化之外，还有一项变化也在悄然而猛烈地发生，特别容易被家长忽略——青春期的孩子们，大脑发生了更为剧烈的变化。这种看不见的变化对青春期的孩子影响更大，但孩子本人和家长们却通常容易忽视它。

我们都知道，人类有智慧、能思考，主要是因为我们拥有非常发达的大脑皮层。人类的一生中有两次皮层性能的大幅提升，第一次在两岁左右，第二次就是在大概 10 岁之前。如果用一个比喻的话，那就是计算机一辈子有两次 CPU 大幅度升级的机会，第二次升级完，基本上就开始稳定运转那一次的硬件性能了。

两岁左右，婴幼儿大脑的每个神经元都会忽然增加突触。突触是传递神经信息的一个基本神经元单位，突触的增加是爆发性的，可以达到成人平均值的两倍。也就是说，有那么一瞬间，两岁孩子大脑的物理性能是成年人的两倍。只不过两岁小朋友学习知识的能力太差了，身体的其他功能也不支持他们大脑的储备和程序变强，所以宝宝们两岁的时候，家长要给足语言、抚触、视觉、听觉等方面的感受输入，给足爱和安全感，让他们每天生活在温暖而有趣有爱的环境里就很好。但是，第二次突触的爆发式增长，也就是"发身期"之前的大脑高速发育（一般在 10 岁之前），是人类大脑**前额叶皮层**的突触激增，而这个被称为前额叶的区域，是人类高级智慧的中枢。

在这个发身期之前的阶段，孩子们突然之间就从一个幼稚的、白纸般的宝宝大脑，变成了性能非常强大的成年人大脑（物理硬件），而且反应速度比成年人的还要快。他们会对非常多的事情感兴趣，而那些事情在家长看来甚至会认为没有意义。比如，他们会反复细致地观察一幅图，然后评价或者模仿，会花大量的时间享受这个过程。对于家长来说，这幅图既没有什么高深之处，也不是世界名画，更和学习考试无关，可能就会不理解，会认为孩子不上进——"你在这里浪费这么长时间干什么呢？作业还做不做了？"有的时候，孩子们会在意那些精致的手工制作，用双面胶胶水和硬纸板反反复复去打磨一个他们喜欢的小玩意儿。家长们可能就会觉得，"这么个小东西，整了 5 个小时简直是浪费时间，没有一点意义！"

其实，孩子们的思维模式并不是"因为有意义才努力去做"，他们就是有兴趣。

你知道什么是兴趣吗？兴趣就是大脑的喜好。

身为家长的成年人已经有了"因为有意义才努力去做"这样的线性逻辑思维，已经有了效率的概念，已经分得清主次，那是我们几十年不断被训练、被磨炼、被捶打出来的高效率的执行程序。但是对于孩子们来讲，他们是没有这套高效率程序的，他们的大脑就是突然之间高速发达了，物理性能可能是成年人的 10 倍，但他们不知道什么事情有意义、什么事情没有意义，他们的脑细胞就是会对这些看似毫无意义的细枝末节感兴趣，就是会对那些看似胡说八道的各种各样的玩笑话感到好笑，就是会对那些小伙伴之间彼此欣赏的东西提升价值，他们并没有"功利性"的主动选择意识。

简单一句话总结，第二次人类大脑的高峰峰值就出现在发身期之前，这个阶段孩子们的大脑物理性能会突然提升，被叫作"发育突进"。脑细胞发育突进，神经元的突触突然增加，额叶开始发育。大脑额叶主要负责计划、推理、判断、情绪管理、控制冲动、抽象思维等。这个阶段的发育，就是孩子们从乖宝宝变成能够有自主意识、独立能力的成年人思维，但是整个发育过程的变化速度非常快，变化是非常剧烈的。

## 5 利用"修剪"原理训练大脑
## ——用进废退

除了全脑神经元高速发育之外,还有一个自然的过程叫作"修剪",意思是这个阶段内的神经元之间的突触连接如果不被使用,就会慢慢地被"修剪"掉,直至消失。只有那些反复被使用的神经元和相关的通道才会被加强,也就是经典的"用进废退"。

了解了这么专业的"修剪"一词,对家长来说有什么用呢?

对于家长来说,这是一个非常宝贵的"训练"时机。

家长可以利用"修剪"的原理,让孩子的大脑在有用的地方上多用、多训练,以使其强化;在没用的事情上尽量减少使用,利用"修剪"的原理自然降低大脑在这些方面的功能和兴趣。

当然,这件事不能粗暴命令,需要家长的智慧和耐心。

为什么呢？

想一想，孩子们在这个阶段，大脑的物理处理性能是远远超越成人的。举例而言，孩子们的大脑像性能最先进的、最新的智能手机，而家长们的大脑硬件像一台老款的诺基亚3310；人家的那个手机可以上网、看视频、打游戏，家长的这个手机只能发短信和打电话。这可能就是孩子们看待这个世界的状态和看待家长的主观感受。

如果在这样的前提下，你还是认为当家长有天然的优越感，那大概就像诺基亚3310对最新款智能手机说："你现在天天上网、看视频、打游戏都是错的，只有发短信和打电话这两件事才是有意义的"，孩子们听了这样的话会有什么感觉？能服气吗？

所以，我们必须要调整自己的认知和心态，不要做诺基亚3310，要用大于和高于最新款的知识储备量、经验、价值观、决策，以及成年人应该优于青少年的眼界和心胸，来引导孩子们去自愿选择"更优秀"的方向。

虽然我们很充分地肯定了孩子们的身体和大脑，但也要对自己有信心，知道自己是具有不可替代的价值。孩子们大脑的结构发生剧烈变化，处理性能大幅提升，但他们在这个成长的阶段还有一个更明显的特征：不稳定。所以家长要注意另外一个相应的问题：千万不要指望孩子们是一台稳定的高性能机器，会自觉自愿、不断地学习再学习。在这个不稳定的阶段中,孩子们的表现和变化会涉及情绪、判断、自我控制等诸多方面,所以家长会看到青春期的孩子虽然聪明敏捷,但也特别容易情绪失控,小情绪很多也很难理解,大情绪一旦爆发出来又非常汹涌,同时他们还会做一些冒险行为,甚至是暴力性的行为。

以上这些,都是家长需要提前做好心理准备的内容。

# 6 总结：应该如何应对孩子的巨变？
## ——接受事实，调整定位

学习过孩子们的身体和大脑巨变，希望家长们不要害怕。我们要清楚地意识到，虽然孩子们的身体和大脑硬件变得非常强大了，但是他们脑子里装载的知识和程序，也就是"心理软件"方面还是宝宝阶段，这件事的积累省不了时间，不会和硬件同步突然爆发，一定需要大量的训练和时间来进行逐步完善，而这就是我们的机会！

我们可以运用他们高速发展出来的硬件一点一点给他们"植入"和"装载"更多的技能、知识和本领，来优化他们的身体能力以及大脑性能。所以，专业而系统的体育训练以及好的知识输入就是家长们要提供给孩子的优质内容。这件事只有家长和老师能够做得到，也是我们存在的必要性和应当履行的义务。

我们要统一一个认知，那就是我们应该迎接孩子们的身体和大脑发育，而不是排斥或者压制。如果孩子们身子不长、头脑不长，始终是那副可爱的宝宝模样，这才是家长需要担心的事情。一旦从心态上接受并迎接这些剧变，剩下的就是使用正确的方法进行优秀的引导。

读完第一章，我们要做到最重要的一件事情，就是接受。接受这个他们客观上变强大的事实，然后重新调整自己的定位，重新看待自己亲手养了10年的"宝宝"，然后改变方法，更加科学、高效地和他们相处。

青春期是一个介于儿童期和成年期之间独特的阶段，在这个阶段，孩子们身体长成快、大脑效能强，很多表现不是因为他们有多狂，不是因为品行变坏。我们做家长的要接受这个事实，更加用心地来引导他们变得真正成熟。这个特殊时期同样也存在着大量的风险，因为"硬件"发展太快，"软件"跟不上，所以孩子们不管有多叛逆、多自主、多有个性，其实他们还是需要家长谨慎地陪护和训练。他们不想看到家长谨慎小心的样子，他们内心深处是需要家长强大而可靠，是希望自己的父母是那种闪着光的榜样。

在后面的章节里，我们将会逐步给大家解释关于青春期孩子们的审美、叛逆、学习、恋爱等这些常见现象，帮助家长们变得更加有掌控感，变得更加强大和自信。

## 第二章 爱美怕丑，自己就站在舞台的中心

小朋友是不是已经开始在意自己的外表了？

比如，他们开始挑衣服、挑鞋子、挑书包，有的甚至会讲究品牌；他们会花很长时间去纠结他们的发型，比如在早晨的宝贵时间里，可能会为了一两缕头发的角度不对而纠结很久？

## 1 每天照镜子100遍
### ——变化太大，不得不看

如果孩子们开始高度关注镜子里的自己，特别在意别人是怎么看待自己的，这并不是贪图虚荣的道德问题，而是说明在他们内心深处，自我意识觉醒了。

这种觉醒在生命中是非常宝贵的阶段，既是外在形象的发育变化，也是内在心理的成熟和高级发展，家长们千万不要误会，以为孩子们开始不"正经"了，不专注学习了，对家长态度不好了，品行变坏了，要尊重孩子们发育中这个特殊的客观阶段。

有的家长不喜欢这个角度。这种解释的角度，不就是孩子都好，孩子都对、都有理，我们瞎操心、不能管的意思吗？我们身为家长养了孩子10年，白当了几十年的大人了，如果孩子们都对，我们就必须得惯着他们吗？

请各位先冷静，不要因为站在孩子和家长对立的立场而这么激动。

这一章的开篇真不是替孩子开脱,不是基于哪一方的立场,而是尊重科学和事实。我希望能够通过这一章实现两个目标:第一,给家长减压,不必因为孩子关注外表的事情而草木皆兵;第二,减少甚至消除不必要的误解,因为孩子们出现这个现象,是没有清晰的主观意图的,只要不误解,就不会沿着错误的理解而加深裂隙。

为什么孩子们在青春期开始关注自己的外表是正常的呢?

换作是你身临其境,你也会不由自主高度关注的。

没办法不在意,因为在这个阶段,他们的变化太大了。

第一章里介绍过,孩子在发身期(青春期的前期)这个阶段,短短三四年时间,能够长高25厘米,平均增重18公斤,这组统计数据意味着什么?意味着平均下来每两个月身高就长1厘米,每天身形都会有微妙的变化,内在的感受更是丰富。

除了这些"整体上"的高速变化之外,孩子们的面孔变化也日新月异。从小时候圆圆鼓鼓的婴儿肥,一天一天变成了清秀的青年面庞,脸上的骨骼、肌肉和五官比例也每天都发生着微妙的变化。

我们假设一下,把我们自己换成当事人,如果第二天醒过来突然发现自己有变化,比如,当爸爸的没胡子、没头发了,或者是当妈妈的突然变成大胖子或者干瘦体形,成年人也得不由自主盯着镜子看半天。每天都有变化，每天都会强关注，对吗？

现在，我们可以设身处地地理解他们了，他们生长变化得太快了，以至于对他们来说，大脑接受和更新这些变化太刺激、太新鲜了，新鲜到可能带来惶恐。也许从我们成年人的角度来看不算什么，但是他们没有经历过这样的刺激，心里没有产生过这种波动，至少我们家长要理解他们不是完全因为贪慕虚荣，不要错怪他们。

更何况，对自己外表的评价会持续伴随人的一生，很多成年人终生都会有容貌焦虑，很多人还会一直纠结自己的长相或身材，还可能花钱去进行手术改变和干预。对自己的外貌评价是一个人建立自我认知的重要基础，也是一个人建立基础自信的重要基础。成年人尚且如此，我们怎么能苛责一个之前还是宝宝的孩子呢。放轻松，家长们！

## 2 害怕身体会"失控"
## ——发育中的 3 种奇怪现象

刚刚是第一层分析,针对青春期孩子们面孔、身高和外形等方面的剧烈变化进行解释。现在,我们再加深一层解释,就是除了正常的身高、体重这些变化之外,青春期孩子们的外观还会发生一些奇怪的现象,这些奇怪的现象可能家长都不曾注意到。我们举三个例子。

女孩青春期通常发育得比较早,有一个令人听起来有点奇怪的科学常识——在 12 岁半左右,女生的肌肉生长达到高峰。这个身体成长发育的规律,是不是让很多家长意想不到?而男生的肌肉生长高峰是在 14 岁半。所以 12 岁半左右,**女生可能比同龄的男孩儿更高更重也更壮**。很多五六年级的小学男生,跳绳、跑步、实心球等体育项目考核成绩远远比不过同班女生,就是这个原因。因此,大多数男生还是"小竹竿"的时候,女孩儿已经变得亭亭玉立,身体比例就已经向着成人的协调方向快速靠近了。大家想想看，男生站在镜子前看自己的"小竹竿"，想着同班女同学的体态和运动能力，虽然他们此时还没有太强的性别意识，但是他们会有强弱的意识，小男生一定困惑啊！女孩儿们看着自己崭新的变化，再想想班上那些"小竹竿"，是不是也会多集中点精力放在这上面？

而且，青春期的孩子身体发育还有一个更令家长意外的科学规律，那就是身体所有部件都在发育，但速度不一致。青春期孩子的身体很难像机器一样均等、匀速地等比例发育，而是有快有慢，进展不同。

这样就会造成一个现象，在某一个时期孩子们的身体比例是奇怪的，可能鼻子今天大一点，眼睛下周继续跟上才变大；可能今天腿长长了，躯干下个月才等比例增长。这个规律叫作"发育失调"。大家不用担心，所有的不等比例都是暂时的。了解了这个科学现象之后，家长们就会更加能理解，如果有一天你家姑娘往镜子前一站发现自己手长腿长，但是身子特别短，或者反过来手长、身长但是腿特别短，她当然得多看自己一会儿。

现在，你能理解他们照镜子、注重外表，以及这背后奇怪和焦虑的心态吗？倒不是说他们长时间注重外表是因为看到了怪物，他们的确希望自己很美、很帅、很潮，但他们看自己的时候不仅仅是在挑剔自己不够美、不够帅、不够潮，更多的时间是花在观察自己和接受自己上，而不是道德取向出现了偏差。

上面种种，还都只是青春期孩子对面孔和身材的关注。其实，在他们的心里，还有一个因素更加让他们难为情，也更加让他们好奇又关注。

那就是第二性征。

男生开始长胡子，女生身体开始发育，成年人对这些特征习以为常，但对原来那些"宝宝"们而言其实是非常打击人的，大家能想象到吗？小男孩儿在还是宝宝的时候，是不接受胡子的，因为小朋友不喜欢有毛的样子，他们会觉得那个样子很可笑、很脏、很邋遢。很多小女孩儿会觉得如果发育得太早是一件难为情的事情，不希望被其他人注意到。到后期大家普遍发育之后，如果某个女孩子发育得太晚也会感觉羞耻，这种小心思敏感度非常高，会给孩子们造成持续的压力。

毕竟，这些变化在过去的 10 年时间里都不属于自己的身体，突然有一天就来势汹汹了。所以，作为当事人的他们，会不由自主地更加关注自己，因为他们会觉得对自己的身体不再熟悉了，这些新的敏感的变化有点"失控了"，他们也不知道身体会往什么方向"狂奔"下去。做家长的，这种时候一定不要错怪他们，否则可能让孩子遭受到"莫名"的打击，增大他们的耻辱感。

另外，青春期如果发育得太快，还容易导致孩子的身体产生一些不稳定的病变。比如眼睛，就会在这 10 年里发育得非常快，尤其是发身期的三四年（一般是上初一左右）更加明显，因为血液的压力和高速的发育两者矛盾，导致近视增加。这时候原来清晰的世界在他们眼睛里面已经开始变得模糊了，但他们不一定注意得到，更不能理解。

综上，我们抽丝剥茧地把孩子们为什么会强关注自己的样子解释清楚，就是为了达到两个目的。其中第一个目的就是，家长不要错怪和误解孩子，不要盲目对他们发火，这一点想必大家已经清楚了。那么第二个目的是什么呢？

我想，很多读者也已经想到了这个问题——那难道就任由他们长时间看镜子、捯头发、捯饬衣服鞋子，把时间都浪费在这些"小事情"上？难道不应该加以纠正和干预吗？

要的，但只要孩子的品行没有变坏，"纠正"这个词用的劲儿大了，正确的"干预"方式是引导。

## 3 开始讲究穿衣打扮
## ——群体性社交

有些家长会担心，孩子们关心自己的身体变化和形象可以理解，我们也尽量理解他们的正常心理。但是，如果他们太过讲究穿衣服，甚至非名牌不穿，还有那些学习用品，书包、铅笔、涂改带啥的也要名牌，我们要支持吗？难道他们这个年纪不应该更多关注上学、读书吗？

非常棒！因为最后的问题，是一个很好的问题。

其实答案也特别简单和清楚。青春期的孩子上学读书很重要，成绩很重要，但绝不是他们应该唯一关心的重要内容。在这个年龄孩子的心理发育规律中，还有一项重要的内容叫作"群体性社交能力"，如果得不到充分的锻炼和发展，孩子的性格会出问题，将来也会成为被同龄人和社会排斥的对象。

任何一个小朋友都不可能自己独自生存，不可能考个

100分就成为人生赢家了。**他们在大脑高速发育的青春期阶段，还必须学会如何妥善地和别人相处，如何平等地、自信地作为一个崭新个体角色和其他同龄人相处。**

基本上，每一个孩子的童年都会经历相似的文化熏陶和教育，从小都看动画片，动画片看到一定程度开始看偶像剧、明星演唱会、综艺节目、电影等，孩子们看的东西具有较强的共同性。

其实，我们家长也有自己的流行文化甚至偶像。我就特别崇拜钢铁侠，如果有人送我一套钢铁侠的礼物，我会非常开心。孩子们也有他们心目当中向往的最美、最酷的样子。他们会在每个阶段有不同的"偶像"，小的时候喜欢动画片里某个角色，再长大到青春期，对青年偶像明星就会非常崇拜，希望自己也可以拥有像明星哥哥姐姐那样的穿着和发型，甚至会模仿说话的语气和特有的动作。他们会觉得自己是个大人，完全有资格和偶像一样的做派，可以光鲜耀眼。智慧的家长会教会孩子更专注于偶像的音准、音色、弹琴的技巧或者舞蹈的动作，又或者是身后的文化积累、高超的运动技能和吃苦耐劳的品质。不走心的家庭里，孩子就会特别在意表面上的各种光鲜。

所以，流行文化就这样在孩子们的社交世界里客观传播开来——体育明星、演艺明星们喜欢的那些球鞋，那些运动品牌，那些小西服、小裙子……总之过去10年孩子们眼睛里面所看到的那些，所想象中的成功人士、潮流人士形象是什么样子，他们现在就愿意朝那个方向打扮。这点和我们成年人完全一样，只不过他们的对标可能是综艺节目，而家长们看的可能是巴黎时装周或者电视剧。

## 4 谁还没个偶像
### ——群体文化

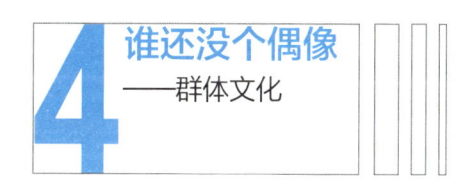

那么,家长们一定要知道一个基本原理。

在群体中,如果你的行为举止和穿着打扮越像群体共同认可的偶像,就越容易得到群体的认可。相似之处越多,被接受和认可的概率就越大。无论是孩子还是成年人的世界,都遵循这样的规律。

所以,孩子们的认知本来就有限,缺少成年人世界的多维度。如果他们的同龄人都认为某个装扮不错、某款衣服好看、某品牌鞋子和包很流行,那么孩子就会倾向于复制这些信息,这是一种客观规律。即使身为家长,也会根据社会圈层的认知,来认可某种西装革履的帅,或者某种小礼服高贵的美,来匹配社会对自己的设定和自己对自己的设定。

爱美和注重装扮不是错误,任何年龄段的人都遵循各自的规则。如果在这件事上遭受到莫名的否定和粗暴的打击,那么个体的自信心会遭到打击，他们会因为自己的"不合潮流"或者"不懂审美"而产生强烈的愧疚感，会产生沮丧和自卑的情绪而无法自愈。

我深深记得自己上初中时候的一次经历。我清楚地记得，奶奶给我做了一双黑色条绒布的棉鞋，里面填了自己老家种的棉花，又亲自纳的鞋底。在那个时代，父辈们在冬天基本上都穿这种棉鞋保暖，不高级但也不低级。但是，我们那一代的小朋友们都已经穿外面买的所谓"旅游鞋"了，也就是品牌运动鞋的人造革仿制品，而且已经形成了某种"流行"。有一天，我穿着这双棉鞋去上学，一开始我自己并不觉得怎么样，但进班之后却受到了很多女生和少数男生的嘲笑。这些嘲笑我的同学就属于家庭消费很"超前"和很"时尚"的人群，他们的嘲笑虽然没有更进一步的恶意动机，却让我当时觉得抬不起头，脸颊发热，感觉非常"丢人"。这件事给我造成了很长时间的心理阴影，导致我的情绪因为这双鞋变得很糟糕。当时的我并没有非常丰富的心理学知识和自我认知，我只是一个普通的青春期孩子，我不希望别人说我"土"，不希望别人认为我没有消费能力，或者是品位非常差。我的成绩很好，家教很好，平常的社交关系也很好很健康，我很希望他们能够认可我，甚至自我设定为自己应该是群体中比较受欢迎的那一个。

现在回想起这件事，我会觉得自己当时的想法很幼稚，那是因为如今的我有了更多的社会阅历，也深深知道自己的社会价值。今天如果出席某些场合的话，即使穿棉鞋我也不会觉得太过尴尬。当然，公众会觉得，"姜老师很奇怪，为什么穿上棉鞋？"甚至会有人分析说，"他是不是不尊重我们这个场合？他怎么老穿着运动衣出席各种各样的公开场合？为什么不穿着西服、衬衫、打领带？"然而这些都不会对我的心理状态形成干扰。

但是我们通过上面的例子可以知道，成年人的世界有很多讲究，孩子的世界同样也有很多讲究，不管你认不认同，它们是客观存在于孩子的认知当中的，<u>按照群体文化来自我设定并不是错误，而是应该去学习和处理好的一项必备技能。</u>

因此，给家长们三个建议，非常简单但非常有效：

第一，不要错怪孩子，不要粗暴地认为孩子品行下降，贪慕虚荣。这一点作为心理基点稳稳立住，后面就会减少很多不必要的互相伤害。

第二，要对孩子们的这种外在追求表示理解，要去了解他们的需求和禁忌，要用比较开放的心态，接受孩子们"幼稚"的审美和流行文化，不要站在高位进行理所当然的批判和否定。理解这一步做到了，表现出来了，就能形成巨大的缓冲空间，让孩子们也不会那么执拗和反抗。

第三，要量入为出地进行评估，能支持的消费可以予以支持，但同时要清楚地告诉孩子，一双好的球鞋固然重要，优秀的球技才是球星们得到尊重的根本。如果一个穿着昂贵鞋子的人却球技很烂,那么注定会被嘲笑;而如果一个伟大的球星穿上一双普通球鞋,也会有让人震惊的表现。回归到真实的技能和实力,才是孩子们应该追求的根本目标。如果财务上不能支持,那么完全可以和孩子说明,并且告诉他:一家人要一起努力,爸爸妈妈负责给你买一双心仪的好鞋,你要负责努力成为同学中真正优秀的那个,而不是仅仅满足于脚上的骄傲。

## 5 认为自己是世界的焦点
——假想观众现象

讲完了基本层面的心理分析,我们再深入一个层次。

根据心理学家的研究,孩子们在这个阶段关注外表,其实除了自己看自己之外还有一个非常重要的内在心理动因,那就是他们认为别人也始终在看着自己。这是一个和宝宝显著不同的心理变化,他们开始有了社会角色的意识,有了社会认同的意识,这是一种非常高级的进步。

美国儿童心理学家、教育家戴维·艾尔金德(David Elkind)把这种现象称为"假想观众"。孩子们会误以为其他人都像自己一样高度关注自身所有的外表和打扮,女孩子会因为穿错了衣服而以为大家都会取笑她,然后一直处于沮丧和压抑的状态;男孩子会非常在意自己头上竖起来了两缕头发,认为所有人都会鄙视这种不成体统的凌乱和邋遢,进入一种非常焦虑的状态。

我上初中的时候，亲眼见证了班里一位很帅气的男同学的窘迫表现。因为他前一天洗完澡没有擦干头发就睡觉了，导致第二天上学的时候整个脑袋上的头发全部都是支棱起来并歪向一边。那时候每家每户都还比较保守，不会允许孩子们上学前使用发胶或者摩丝来打理发型。他从进班开始就藏在一个角落里不敢出现，直到老师专门点他的名让他到黑板前面去解题，在那一刻他的脸涨得通红，身体也弯曲起来仿佛要掩藏自己一样。其实，我作为男生倒并不觉得有什么不妥，女同学们也没有什么嘲笑的表现，大家的注意力更多还是集中在老师和题目上。但当他解完题回到座位的时候，我清楚地看到他的痛苦表情，还有湿透的校服T恤。也许在讲台上的那几分钟，对他来说"生不如死，度日如年"。

"假想观众"现象对青春期的孩子来说是一个不可避免的客观规律。在他们的认知里，别人一直都在看着我，那种挑剔、审视，以及产生的仰慕或者嫌弃是非常重要的事情。这就是青春期阶段非常宝贵，也非常让孩子们烦恼的心理发展。"假想观众"的幻想会一直持续到成年才慢慢地减弱，甚至很多成年人也会有这种"假想观众"的幻想，虽然幼稚，但影响很大。

作为清醒的家长，我们必须要尊重这个客观规律，要理解他们独特的心理状态，尽管幼稚也要接受并尊重，至少不要揣测为"恶"的动机或价值观。孩子对自己外表的在意是正常的,他们并没有"堕落"。

在这个孩子们心理高速成长的阶段,告诉他们什么是真正的美,什么是高级的美,远远比简单否定和批评他们要有效得多。要记得,任何一个正常的孩子,都拥有一颗向好的心。如果在他们眼中,自己的爸爸妈妈是可信的、温和的、有修养的人,那么他们所带来的新知和建议,也将会是可信的、高级的、美好的好东西。

## 6 爱美怕丑如果超越了边界
### ——饮食障碍

爱美怕丑如果超越了正常的边界,也会引发一些问题。

青春期的时候,孩子们有可能会出现两个极端值的生理变化。第一个极端是发胖。另外一个极端,就是特别特别瘦。

是否发胖这件事,孩子没有选择权利,结果完全取决于家长。家长对孩子的饮食方案和喂养方式,以及给孩子提供的生活作息,决定了孩子是否会超常规发胖。

变胖的孩子体内雌激素含量会比较多。雌激素的浓度高会容易导致女生青春期提前、男生的第二性征发育迟缓,而且,身体变胖了还有各种疾病的风险,那就是高胆固醇、高血压、糖尿病。所以,尽量不要让孩子变胖。而且,即使身体暂时没有出现什么病症,肥胖的体形也会在孩子心理上产生负面影响,让他们变得各种不自信,在自信的确立和社交行为方面产生隐患。

通常女生不愿意自己变胖,男生则没有那么明确的取向。但整体的社会审美和公众媒体渲染,也许会让一部分孩子误以为瘦才是美。过度追求瘦的孩子并不少见,他们将会面对的风险被科学家们称为"饮食障碍",具体有两种症状。

第一种就是不吃东西,过度节食,非常在意体重,不希望自己长肉。其实,我们长的肉里,既包括人体必需的肌肉,也包括人体必需的脂肪,只要比例健康就是好的体质。但过度节食会引起体重的不断下降,导致内分泌失调,让身体消耗太大,女生甚至可能会出现月经失调。时间久了还会造成厌食症。厌食症一开始可能是故意形成的,但病人到后来再想吃点什么就非常困难,因为厌食症晚期是非意志可控的症状,这时候再想吃点东西恢复正常的身体代谢,已经来不及了。严重的厌食症会高度损耗身体,症状非常严重,有可能危及生命。

第二种是贪食症,也是神经性失控造成的疾病,患者每隔两个小时甚至更短,就必须吃东西,而且是大量地吃,但是他们吃完了之后为了保证自己瘦就开始各种手段催吐。这种情况如果持续出现三个月以上,就算贪食症了,不但会摧毁孩子身体的正常消化和代谢功能,还会造成食管灼伤、胃肠道紊乱,以及神经的不可逆受损。

不管是厌食还是贪食,都会让青少年的身体受到巨大的损伤,那我们家长应该怎么办呢?

## 7 如何帮助孩子？
## ——家长能做 3 件事

如果真的希望在过度关心外表这件事上对孩子有帮助，家长应该做好三件事。

第一件事，<u>负责孩子的饮食，吃要跟得上</u>。简单地说，我们的食物包含三大类营养物质：碳水化合物、蛋白质，以及微量元素和膳食纤维。碳水化合物主要来自各种粮食，包括米、面、谷物，等等。蛋白质来自鸡蛋、牛奶、牛肉、羊肉、鱼肉、鸡肉、豆类，这些都是很好的蛋白来源。膳食纤维在水果和蔬菜中普遍存在。总体上，食物的种类越丰富，微量元素的来源就越广泛。

要注意，零食中含有很少的上述营养物质，不宜给正在长身体的孩子们大量食用。像糖、巧克力、软饮料、油炸的、膨化的各种零食含有大量的胆固醇、脂肪和卡路里，营养物质含量却很低，如果吃太多的话，就会让孩子变得身体不够健康。

一句简单的总结送给家长：你给孩子吃什么品质的食物，孩子的身体就是什么品质。

第二件事，督促孩子们进行体育锻炼。体育锻炼可以提高孩子们身体的力量、耐力，有助于骨骼和肌肉的健康生长，能够科学地控制体重，而且还能够减轻情绪的焦虑和紧张，提升自信心和幸福感。更重要的是，体育锻炼可以强势帮助大脑的发育。体育锻炼可以帮助脑细胞的增长，科学训练越多，脑细胞就会越发达，神经元之间的突触数量就会越高，孩子们处理事情的能力也会越强。

游泳、体操、田径、球类，只要是能加以科学训练的都好。我们当然不必冲着竞技成绩去训练，只是希望孩子能够在高速发育的生长期变得有自信心和掌控感，能够对他们的身体有良好的控制能力。

第三件事，督促孩子的睡眠，养成良好的作息习惯。9岁的孩子平均的夜间睡眠时间是10个小时，到16岁的时候就不到8个小时了。青春期的孩子有的时候连着睡了9个小时之后，醒过来还是觉得困。良好的睡眠可以全面促进孩子的神经系统（包括大脑）健康发育，身体的骨骼和肌肉健康发育、全身的代谢和循环系统健康发育，而且还会调节内分泌，不会让孩子出现太多痘痘等小烦恼。睡眠真的是特别特别重要。

这里需要给家长分享两条科学小常识。

第一,周末补觉、睡懒觉其实并不能够解乏,也并不能够弥补平时的睡眠不足。这种单次的或者偶发的睡懒觉不但没有好处,还会影响好不容易培养起来的生物钟,破坏正常的睡眠规律。孩子多睡一会儿没关系,但家长不要太过纵容,更不要主动要求多睡,不如鼓励孩子起来后锻炼一个小时,这样对身体更好一些。

第二,经常晚睡晚起如果形成习惯,就会导致失眠。家长在孩子的身体高速发育的过程里,一定要尽量保证孩子不熬夜,从时间安排到作息培养,全面帮助孩子建立健康的作息习惯,培养好的生物钟。

## 8 总结：如何为孩子建立健康的审美观？
—— 深度参与，用高级替换低级

孩子们在青春期阶段会表现出明显的爱美怕丑，但其实不仅仅是美和丑的关系，而是他们对自己外表的高度关注表现明显。背后的原因，是孩子们的身体生长造成了他们不熟悉的状况，同龄社交和流行文化出现新的状况，所以孩子们很难避免受到这么多新状况的干扰。

这种时候，家长的宝贵价值就应该体现出来，即成为孩子们的领路人。只会苛责和否定孩子们的领路人是粗暴无效的，优秀的领路人需要在理解他们的基础上，多花点心思，做正确的事情。

首先不要大惊小怪，要接受这些客观上一定会发生的现象。

其次，特别注意不要从价值观层面来贬低孩子们的行为。

最后，要和孩子们一起关心这些变化，像朋友一样真诚关心，在关心的过程中进行引导。只有和他们做朋友，跟他们一样关心，才有机会植入更加高级和健康的审美观。只要你提出的东西更好、更高级、更优秀，孩子们是不会抵触的。

举个例子，很多小孩儿会有段时间痴迷手机游戏，这种现象让家长很头疼。粗暴的禁止也许能起到效果，但一定会产生附带问题。那么现在大家跟我一起思考一个最朴素的问题：如果你觉得玩手机游戏不够高级，是浪费时间的话，那可以怎么引导呢？

你可以买一台更先进的游戏机，带他玩更高级的游戏，体会先进的技术、绝美的设计、高级的身体互动和亲密无间的玩家配合。在这个过程中，首先强化了亲子关系，其次开阔了孩子们的眼界和视野，还能植入很多与科学、技术、美学、历史、设计、机械等相关的知识。

什么叫作好的引导？

不是简单的否定，家长要深度参与，要先和孩子打成一片，再告诉他更好的选择和更棒的道理。比如，如果你觉得孩子的奇装异服不好看，你可以先了解一下哪些人、哪些偶像在这么穿，可以先从这个角度认同他们。当你了解了他们的偶像水平，就可以告诉他们同行业中水平更高的人和作品，让他们懂得哪些东西是真酷、真讲究。

总之，家长们可以积极地参与孩子们的价值观建设，鼓励他们多追有真材实料的明星，多看体育比赛，多吃优质的食品，多学习专业技能，让他们变得更酷，然后鼓励他们有自己的审美规则。

在青春期这个阶段，学习成绩是一大要务，但建立孩子的自信是大于等于学习成绩的一个要务，我们做家长一定要做到润物细无声，先把树立好大的规则边界作为原则，再从小处着手辅助他们去变得更强更好。

# 第三章 突然冷漠，想和父母保持『成年人』的距离

我估计这个话题会让很多家长心里就一紧，这是他们最为害怕的一个现象，也是很多人正在经历的艰难时刻，因为孩子们的冷漠他们无法理解。但是，读完这一章的内容之后你可以长长地舒一口气，而且敢于微笑着用阳光和积极的心态来迎接这个崭新的阶段。

## 1 别失落，孩子依然爱你
### ——心的容量变大了

小鸟大了总要单飞的，父母不能把它们一直拢在怀里呵护着、亲昵着。

想象一下这个假设的画面：爸妈把一个18岁的大宝宝搂在怀里一边亲昵一边指导，大宝宝也睁着水汪汪的大眼睛等着父母下命令，言听计从，满脸都是对父母的仰慕和取悦。这是一个多么扭曲的画面。

孩子们长大之后，如果还是百事都依赖着家长的状态，那才是真正值得担心的状况。没有自我意识、不能平等看待父母的成年人，当他们独自面对社会的时候，也是弱者视角、宝宝心态，会仰视所有年龄大的人，会用宝宝的心态面对所有同龄人，会遭受无数打击和挫败感，那时候痛苦就来不及了。

所以，青春期的孩子们开始和家长的关系变"冷漠"，本质不是他们不爱家长了，而是他们开始有了相对强的自我意识，开始有了成年人视角，他们希望能够向父母学习，用平等的认知和思维来面对父母。孩子总要长大的，他们要独立是一个好事情，也是非常正常的现象。变"冷漠"很多时候不是真的冷了，厌恶了、排斥了、不是真的关系恶化了，只是孩子们在试着塑造一个独立、平等的人格角色。这个阶段中如果父母过于敏感，对孩子们的有些"态度"进行追责和训斥，反而是把事情向着撕裂的方向处理；相反，如果处理得当，那么孩子依旧可以和自己亲爱的爸爸妈妈谈笑风生，探讨他们觉得有趣的事情，同时学习怎么待人接物，变成一个优秀的成年人。

所以，我们做父母的察觉到孩子有变化，第一件事是要稳住自己，不要瞎猜忌、过度敏感，更不要贸然发出负面的评价，要学会慢慢放手，一定要调整一下自己的心态来适应这个阶段。而且，我们还要牢牢记得事情的另一面——其实在孩子们的内心深处，你还是那个主心骨。他们只是在尝试着体会一个新角色，在学习一个大人的样子，我们要帮助他们学会，给他们助力，而不是打击他们。

青春期一旦开始，孩子们除了长相、身高发生了剧烈变化之外，还会产生一个**客观的变化**，父母们必须学会接受：在孩子们心里，**时间和心思的分配被重新调整了**。孩子们在这个阶段不可避免地会花更多的时间去和外面的人相处（例如同学），即使在家里，他们的心思也有可能想的都是外面的人和事，因为那些对他们的新身体和新大脑而言更有趣。我们之所以强调是"客观的变化"，就是为了让家长们知道，这不是孩子们的主观意愿可以决定的，而是客观就会发生，无法避免。

根据心理学家的统计，大部分孩子在这个期间就会把待在家里的时间，从原来的35%，降到14%，减少了一半还多，他们会花更多的时间和朋友们去相处。小区里也经常能看到一大群小学高年级的孩子在一起疯跑、追逐、做游戏。别管玩什么，他们就是愿意。

很多父母会有焦虑，担心影响孩子的学习，又担心和陌生人学坏，更是觉得比起过去10年"亲亲抱抱举高高、乖乖巧巧的那个宝宝"，现在的小孩儿怎么跟自己没个笑脸，也不爱多说话，还老不耐烦呢？很多父母一下子就觉得"他们是不是不爱我了？"心里开始出现失落感，甚至还会出现情绪的剧烈波动。

事实是这样吗？

其实，只要过去十几年的教养方式是正确的，这个年龄的孩子还是很爱家长的，只是他们的爱在骨子里，在心里，遇到大的事情还是会找家长，生活的方方面面和情感的仰慕依赖，都在家长身上，只不过他们的激素和心态不再鼓励自己以宝宝的角色和家长相处，而是更希望用大人的角色来面对，所以会较之以前有所变化。

过去的 10 年，家庭的爱和父母的爱对孩子们来说是既有事实，而新的世界的确更刺激、更有趣，花样翻新，值得他们花费大量的时间和心思去应对。这不是他们"变心"了，而是**他们的心变得容量更大了**，希望挑战更有难度、更有意思的事情了。10 年培养出来的那些爱会被孩子们牢牢地、稳稳地放在心底，并没有变化。如果小朋友到了青春期的阶段，对外界的新鲜世界、新鲜的朋友们一点儿都不感兴趣，只愿意在家里跟家长待着，那才是更值得担心的事情。

我们都希望小鸟能够稳稳地独立飞翔，希望小狮子能够自己去打猎，希望我们的孩子将来在社会上能够出人头地，那么现在他们出现的这种变化就是那个必要的开端。所以，家长们不需要做什么特殊处理。首先，只需要做到不去揣测孩子们的动机，比如"是不是他不爱我们了""是不是他在外面有什么更感兴趣的事情了""是不是他已经把朋友放得比父母还重"……不要有这种想法，更不要失落，他们不是厌烦家里的"老太婆"或者"臭老头"了，原来宝宝们 100 分的大脑和身体，其实都是被你爱着长大的，现在属于你的还是 100 分，满满的！只不过，他们的大脑和身体已经自然而然快速成长为 1000 分，那么多出来的那 900 分呢，自然就会留给陌生而新鲜的世界。

## 2 成熟的身体里装着孩子的心
——性早熟的影响因素

当你能理解孩子们心理上的变化之后，就会有一种运筹帷幄的安稳心态，那么战略上我们已经"赢"了，接下来就是一些具体的战术问题。在这个野蛮生长的阶段，孩子们的外延倾向当然会遇到很多不可控因素，需要我们作为领路人和支持者给予正确的引导。

第一种风险，就是孩子可能出现性早熟。性早熟的本质是身体发育的速度快于心理发育的速度，孩子外表上是一个成年人的体态、身体的机能已经成熟。虽然心理其实还很幼稚，但性成熟的一切都会让他们变得和家长没有那么亲密。家长们当然知道孩子还没有真正长大，但外在的现象对孩子们来说，都在告诉他们"你们已经是大人了"，他们就会信以为真。

早熟可能和家长的日常照料有关。日常饮食健康营养好，被精心照料的儿童可能更早地开始青春期，更早地变成熟，长得也更高大一些，这就是家长们常说的早熟。这是一种常见的现象，不必过分担心。科学研究表明，脂肪多的女生尤其容易早熟。

很多家长看到之后立刻反思，并学习健康饮食相关的知识，这很好，值得表扬。但是还有其他因素也会影响孩子的身体发育和心理发育。除了营养和身体的状况之外，亲子关系对于孩子的成熟速度以及成熟度也极为重要。

父女关系就可能是影响青春期时序的一个重要因素。在没有上学之前，如果女孩儿和父母的关系非常亲密，爸爸妈妈能够给出很强的支持性的关爱，尤其是爸爸能够深度参与孩子的生活，能够去爱护孩子的话，女孩进入青春期的时间就会相对晚一些。那些从小与父母的关系冷淡疏远，或者是由单身母亲抚养的女孩儿则普遍偏早。虽然没有什么科学的研究确定青春期开始早晚的好坏，但是让孩子们身体发育和心灵发育同步，成熟得越踏实、越稳定，成熟的风险越小，父母们才会越放心。

之前有科学家提出，人和人之间可能存在一种叫作"费洛蒙"的物质，科学家们称之为"信息素"。也就是说人与人之间可以通过气味影响彼此的心理，最近的心理学脑成像研究结论对这种猜想提供了比较多的支持证据。

研究结论认为，男性的汗水和女性的尿液中存在一种气味，可以激活异性的下丘脑，而下丘脑是我们人类大脑中非常重要的一个区域，主管控制人类的性行为相关的神经活动。

经过长期的进化，人类的大脑和神经系统中存在自然的乱伦预防机制，所以，经常暴露在父亲信息素中的女孩子性发育会被抑制。

因此，缺乏父爱很可能会造成女孩子早熟，而青春期提前又会造成一些令人担忧的问题，这些是很危险的事情。童年时期和父亲一起居住，而且父亲能够积极参与孩子生活，这种环境下成长的女孩健康的性发育概率更高一些。

关于男孩子，科学界目前倒是没有类似的研究结论，没有总结出家长对男孩子性成熟产生明显影响的因素。男生的早熟也许跟饮食的营养、身体的锻炼，以及文化上沾染了色情因素的漫画作品、电影、电视等有关联。青少年发育提前在全球范围内是一种趋势，如果你的孩子并没有出现一些严重的不良症状，比如说身体老生病，或者是脾气暴躁、行为怪异，那么家长倒也不必惊慌。

因为早熟不一定比晚熟差。

为什么在我们的书里会专门研究性早熟问题呢？这是因为如果孩子在生理上早熟了，会让很多家长误以为他们心理上也会同步发育。但事实上，家长在这个阶段所给出的爱有没有在孩子的心里稳稳地积累到 100 分，能不能帮助孩子们的心理同步成长为成熟的人格，是很难保证的了。

早熟受什么因素影响？早熟到底是好是坏？

学习之后，家长们要做到心里有数，知道自己应该往哪个方向努力。接下来要请家长们注意，青春期的孩子们身体棒、脑子快，除此之外，还有一个重要的事实，那就是孩子们的思维方式已经和宝宝的阶段完全不同了。

## 3 认知升级，从"我"变成"你我他"
——边界意识萌芽

之前我们有过一种比喻的说法，即孩子们的大脑在青春期快速发育，变化之大可以认为是从原来的 100 分涨到 1000 分，真的有这么夸张吗？

其实这个比喻还是客气的，没敢说得太猛，真正的发育成果远远不止 10 倍。孩子们的脑力可不是说"原来只能记住 10 个数，现在能够记住 100 个数"这种简单的机械性能增加。他们的大脑处理能力在进入青春期之后，已经从感性的、动物性的、本能性的、情绪化的宝宝大脑，变成了几何级复杂的成年人大脑，可以储存更多的知识，更多的规则，能够制订和执行严格的计划，能够管理自己的情绪。青春期阶段正是孩子们认知能力成熟的阶段，在这个阶段他们的思维方式具备以下特征，请家长们一定要留意。

第一，孩子们具备了抽象推理和复杂道德判断的能力。

当然，这些高级的脑功能不是一到 10 岁就立刻产生，而是慢慢发育出来，并不断打磨和进步的。在 20 岁左右青春期结束的时候，为什么可以说孩子们就已经是大人了呢？因为他们已经具备能力，能进行抽象推理和复杂的道德判断，以及对未来制订更加现实的计划。所以，从小学阶段中高年级开始，家长们就会目睹着孩子们一天一天地按照这个趋势产生各方面的认知变化。

在青春期阶段，孩子们的认知能力开始跳离"此时、此地、此物"的**个体限制**，他们开始有能力看待一个群体，接受其他人和自己不同并逐渐建立人与人的边界意识。这一点非常重要。对于这些"未来的成年人"来说，心里如果只能装得下自己，而不能接受别人、理解别人、替别人考虑的话，这样的成年人会搞砸很多事情，比如搞不好自己的社会关系，就是因为狭隘的认知能力导致。而历史上所有取得非凡成就的成功人士，都具备同一个特征，那就是心里能完整地认知其他人，而心里能装得下的人越多，取得的成绩也越伟大。

第二，孩子们开始具备抽象思维能力，能够理解时间和空间的扩展，能够用符号来代表具体事物。这样的抽象思维可以加速信息处理能力。数学课里的方程式就是典型的例子，用 X 代表未知的数字进行问题解决。小一点的宝宝根本就不理解什么是方程式，什么是未知数。一旦过了这个年龄，到了一年级或者二年级，他们立刻就能懂，而且还乐此不疲，能完全感受到高效率解决问题的快乐。所以，从这个时间开始，孩子们就可以学习简单代数了，甚至有些天才儿童学习微积分都没有问题。我们把这些高级的计算能力称为"形式运算"。一个人的形式运算能力越强，他的智慧水平就越高，越能解决复杂的社会问题。

用学术的话来讲，就是孩子们具备了**"先提出一个假设，然后想办法用逻辑来推理，甚至用事实反复验证"**的高级思维能力。这说明孩子们大脑里的信息加工能力已经开始升级了，他们的大脑不再是宝宝脑了，只要家长知道了这个规律，就能从根本上接受孩子的变化，理解他们与自己逐渐脱离亲密无间的样子。关于如何应对这种局面，会放在本章最后一并给出建议。

## 4 脑洞大开,幼稚的逻辑自成一体
——爱上抽象思维

**孩子们的思维模式变化会带来哪些表现?**

第一,"没意义"的关联。

由于孩子们的大脑具备了高级的理解能力,使得他们能够更好地理解语言和隐喻,所以他们在读书的时候会非常快乐,联想极其丰富,而且自己嘴里经常叨叨。有的时候,家长发现孩子们会在青春期产生一系列幼稚、无趣、禁不起推敲和反驳的连续性的观点,通常家长会不屑一顾或者禁止孩子们的表达和思考。但是,倘若站在他们的角度去琢磨的话,家长很有可能会发现那些观点其实是有逻辑关联的,而且是扩展性的逻辑关联。例如,从对漫威电影里的某个角色评价,突然转入宇宙和行星之间的力学描述,再到对自己的排泄物开展理解和评论,等等。这些内容从成年人的角度来看当然没有任何意义,也不能解决成年人世界的任何问题,好像也就毫无价值值得去认同。

但是，这些信息的关联可是天然的剧变，孩子们不会觉得无趣，他们甚至会因为感受到信息彼此关联之间的强大乐趣而变得非常兴奋。比如，给同班同学起外号的关联性（虽然这种行为不礼貌也不鼓励），就会让很多家长不屑一顾，但如果你有耐心了解其中两三个外号为什么是现在这个版本的，就会发现孩子们设定的逻辑关联其实很有趣。的确，这些关联不能解决任何问题，但我们家长一定要注意，这种宝贵的能力就客观地在那里悄然飞速生长。对家长而言，如果这些能力中没有害人的、违规的，就不要贸然去否定他们，不要抑制他们自由发展这种好的能力，甚至应该抽些时间忍住"不知所谓"的轻蔑，跟孩子们请教请教，也许你可以更加理解他们，还能够让孩子们更愿意跟你聊天，对吧？

第二，在情感上，孩子们也开始学会抽象思维了。

原来的宝宝脑力有限，只知道喜欢爸爸，喜欢妈妈，喜欢家里人，讨厌某个邻居，讨厌班里的某个同学，青春期之后的他们开始喜欢的是公平、自由，他们憎恨的是剥削、不公平等这种高级别的抽象的对象，而不再集中于某个具象的人了。这也是孩子们整体上对父母变得没那么亲密的主要原因之一。

整体来讲，因为大脑的功能进步太大，所以孩子们认为自己已经能够解决问题了,而且能解决的问题越来越复杂,包括观察、思考、决策,他们已经不需要家长再像原来那样,一点一点地"喂养"了。如果小朋友是在一年级,家长还能喂养多一点,替他拆开掰碎讲细一点,但是如果到了五年级、六年级,家长还是这样来教他的话,基本上就是做错了。

为什么这样耐心和费力的指导反而是做错了呢?

假设一下,如果你现在的领导给你交代完工作任务之后,还要拆解细碎,要一条一条事无巨细地嘱咐你应该怎么做,并且反复地确认"你听懂了吗?""记住了吗?"即使领导语气很好也很耐心,你是不是也会感到烦?

对。因为你觉得自己可以解决问题,不需要陪伴和指导。这是一种对自己能力的自信,独立的大脑也不希望老有外部干扰。你只需要领导给出方向和目标,指明和强调好关键点在哪里,在必要的难点上稍微点拨一下,剩下的交给你来用你的大脑自由地酣畅淋漓地去把它解决掉,这样才是舒适和痛快的感觉,对吗?

孩子们也是这样的感觉。

所以,独立的大脑也不允许他们凡事都接受父母的叮嘱和帮助,过多的絮絮叨叨反而是一种干扰和负担。有了这种变化之后,孩子当然不会再和父母像之前一样亲密。父母不必担忧,更不要因为不满而暴躁,那样的话会给孩子带来莫名的压力。

## 5 面对胡搅蛮缠，请"认真"和他们争辩
——思维不成熟的 6 种表现

孩子们的"硬件"的确非常强大和敏锐，但是他们大脑中安装的"软件"其实是贫乏的，所以他们必然会有**新系统的不稳定性**。青少年思维的不成熟性，主要表现在以下几点：

第一，特别容易理想主义，特别容易具备批判性。

青少年开始想象他们的理想世界，但同时又会发现，现实和他们的理想有天壤之别，所以会产生很多不满。注意！这是任何人都会经历的一个必要阶段，在这个阶段中家长引导得越好，孩子们的观点成熟得越快，情绪波动也会越少。但在学会之前的局面的确会让他感受到一些扭曲。他们确实需要承担很多成年人的责任和规则，然后他们会对那些虚伪高度警觉，他们会讽刺、调侃、批评、贬低各种成年人的社会产品和共识，甚至去抨击公众人物。由于他们误认为自己比成年人更懂得如何去驾驭这个世界，所以会觉得父母的

看法往往都是庸俗和错误的。

了解了这些必然的规律，家长们稍微可以安心一些，这些问题不是谁家的孩子单独会出现的恼人状况，而是每家的孩子都或多或少会出现。这是他们表现出不成熟的第一点，叫作理想主义和批判性，我们先接受这个客观规律。

第二，不成熟的另一种表现是爱争论。

青少年总是不放过任何可用来实验和展示自己论证能力的机会。他们的大脑发育得非常好，他们又刚刚学会逻辑思维，对这样一个崭新的超级能力，谁都有兴趣来大量使用，就如同钢铁侠第一次实现战甲飞行一样，肯定盼着更多更复杂的飞行训练。

所以，青少年常常会用罗列事实和逻辑推理的方式来向父母辩解，比如说：我为什么晚回家；我晚回家为什么有道理；我这个作业为什么写成这样是可以的，尽管老师给我评了低分，但是我仍然有一大堆的合理性。家长们听到这儿是不是就急了？觉得孩子特别犟嘴、矫情、没理找理，再加上担心孩子养出坏毛病，不由得会想要发火来压制。

其实并不需要。这种爱争论实际上是一种失控。

本来一件不重要的小事情，他们可能只是觉得有趣而加以关注。但是，因为他们脑子发育得太快，又不希望自己会犯错，出于保护自己的本能，自然会动用自己的新本领——逻辑思维，来努力施展。对这样的动机我们不需要否定，孩子确实是想要用胡搅蛮缠来保护自己，可是他们不是无赖式的胡搅蛮缠，而是因为他们的大脑觉得用逻辑推理和争论非常过瘾、刺激，这是一种生理感受。

作为家长在这种时候不要用发火和权威来压制，一是会压制坏亲子关系，二是会压制坏他们的头脑和信心。最佳解决方案就是"认真"跟他们争辩，把你的高级知识和思维认真展示给他们看。即使他们最后嘴上不认输，你也可以判断出自己的输出是否到位，从而决定争辩的结束与否。优秀的思维和内容会深深植入他们的头脑，自己的努力运转也会极大刺激大脑的能力，孩子们还能通过你的"认真"而感受到温暖和支持。

也许会有些家长说这太无聊了，我那么宝贵的时间干什么不行？明明他错，我还得花上半个小时陪着他，看着他强词夺理，胡搅蛮缠？直接告诉他对和错不就行了吗？再说，就算家长争论赢了，又能怎么样呢？如果不舍得把时间花在孩子身上，这是家长的价值观问题。而有的家长会觉得这半个小时的争论在智慧上能够折服孩子，建立他们对家长的仰视感和实力崇拜，今后很多问题都会事半功倍。

第三，青少年的思维不成熟性还包括优柔寡断。

青少年可以在大脑中产生很多种选择，但是缺乏充分的知识和有效的策略来做出正确的选择，比如，他们会纠结现在到底是玩会儿乐高，还是去写会儿作业呢？我是应该主动去练琴,还是应该玩一会儿手机游戏呢?所有的这些事情在成年人看来没有什么好犹豫的,但他们还真不行。他们通常会举棋不定,左右为难。

这种现象不代表孩子不果断。孩子在这个阶段总体上因为任务少,吃的亏比较少,学习的知识比较单薄,所以自制力和决策力都偏弱。再加上他们大脑丰富了,确实能产生很多事都可以做的感觉,但能力上却不足以做高效的决定。对家长来说,这种时候就是很好的引导机会,千万不要一味地斥责。

第四,青少年的思维不成熟性还表现为言行不一。

青少年有很宏大的、正确的观念和理想,但是他们实际做起来却很难实现小的完美。例如,他们知道要环保,知道要诚信,知道要酷,但是他们可能不爱坐公交,更爱坐私家车;他们说过的话可以不算数,可能随时抵赖;他们也可以天天找一帮朋友在一块开无聊的玩笑,分享流行的游戏,一点儿都不酷。这个现象的本质是能力不足,而不是道德水平低下。家长先要肯定他们正确的价值观,帮助他们在细微之处培养能力和意愿,实现这些美好的理想。

第五,他们还有一种不成熟的表现叫作"自我意识"。

青少年不但特别在意自己的形象和感受,还会认为其他人都会像自己一样,和自己思考着同样的事情,关注着同样的焦点,而且人人都在关注着"我",其实人家根本没有在意他。因为这种强烈的"自我意识"存在(而且必然会在一段时间内影响很强烈），女孩儿如果穿错了衣服，就会觉得大家都会取笑她，进而产生沮丧的情绪。这种被艾尔金德称为"假想观众"的心理现象，一直到成年才会慢慢地消失，请家长们不要太诧异和焦虑。

最后，青少年思维不成熟性的表现，叫作"独一无二"和"无懈可击"。

心理学家艾尔金德用这个词指代青少年的一种信念，很多孩子在青春期都会觉得自己是特别的，是独一无二的，"那些规则只能用来约束别人，但是我可以不必遵守"。比如，其他人不能抽烟，但是我可以；其他人不能说脏话，但是我可以；其他人不应该谈恋爱，但是我可以。这种现象不是因为道德下滑导致的狂妄自大，而是因为他们没有见过更多人的样本量，自己也没有吃过大亏，但是在大脑里天然觉得自己强大。

家长遇到这种现象，先不必着急从道德上去批判他们，诸如，"你狂什么狂""你以为你自己真有本事"，等等。这种"个人神化"的心理状态会一直持续到成年，一味地批判并不能让他们理解自己的状况。反而，如果在青春期没有这样觉得自己很强大的心态，才比较值得担心。

"个人神化"的确会鼓励青少年在生活中冒险，那家长们应该怎么应对？

## 6 冷静应对，要"潜伏"不要"退出"
### ——设定边界，接受试错

两手抓，两手都要硬，都要保证做到。

第一手要做到，不能压制死，不可以一盆冷水泼到冰，要允许孩子们有这种表现和思想，甚至允许他们去在安全边界之上尝试。

第二手要做到，设定边界，接受试错。家长要做的最重要的事情是告诉孩子们行为准则和安全边界，比如什么能做什么不能做；如果做得出格了，后果会是什么。然后，允许孩子自己去尝试，取得成功让他们快乐；遇到挫折，家长帮忙收拾局面、弥补过失、复盘和恢复心理建设。

例如告诉孩子，滑板可以练，但必须戴头盔和关节护具，并做好时间规划；如果练习的难度太大了，人会受伤。如果真的受伤了，家长要第一时间提供医疗救治，并不要责怪孩子，而是跟他一起复盘，找到下次不受伤的方法，找到变得更优秀的途径。又比如告诉孩子，可以和自己喜欢的同学交朋友，但不要通过消费来维持友谊；对不喜欢的同学，太过忽略其他人的感受，别人会对你有负面评价的。社交关系出现了错误方式和结果，家长要带着孩子主动承担责任，并弥补过失，然后要找到错误改掉，给孩子做复盘和心理建设，并给出正确的方法建议。不怕孩子们犯错，因为他们的行为都在安全边界之上，错误会让孩子们变得更正确。

这就是做家长的智慧，而孩子们靠自己是不可能建立出来这套边界感的，这也是他们对家长的绝对需求。反之，如果家长的重心没有放在设定合理和清晰的边界上，而是毫不在意无所谓，或者事无巨细全控制，孩子的感受就会非常不好，同时他们的独立能力发展也会受到大量干扰和阻碍，最终变成野蛮反抗或者无奈顺从的低自信人群。

**家长的第一要务，是要清晰地告诉孩子边界**。家长是否清楚地告诉孩子们边界，以及这些边界设定得是否合理，是重要度排在首位的事情。孩子们是否接受并能严格遵守排在第二位。二者顺序千万不要颠倒。

## 7 总结：如何改变孩子的"冷漠"？
### ——不动声色，暗中引领

现在，各位家长可以梳理一下本章的核心内容了。

一开始，孩子们就是身体变成成年人的模样，接触的人也多了起来，客观上分给家长的时间和情感就会减少。

然后，性成熟和思维变化的不匹配，很难让身处其中的孩子自己觉得有什么不对劲，他们作为"成年人"不会允许自己和家长过分亲密。

最后，孩子们因为脑力的发达而导致思维模式提升，也的的确确向着成年人的认知能力在进步，所以无论如何，与家长的疏离感都会出现。

如果在这个阶段家长仍然保持着前面养宝宝的状态，而**不去调整自己的期待值和相处方式**的话，就很容易出现各种矛盾和情绪，而孩子们是蒙的。他们并不理解问题的本质，他们也没什么可改进的地方，所以会很委屈。如果家长强势，孩子们会很压抑，反而加大了亲子距离。

但家长们也会很困惑：孩子们委屈，难道家长就眼睁睁看着他们变冷漠，由着他们可以随捉摸不定的情绪而随意不搭理自己吗？那样会不会把孩子惯坏，没礼貌、变得没家教、不会做人？这些恶果会不会产生？

我特别想和家长们交流一个重要的做事原则，那就是**凡事不要极端**。

极端管控是极端，"任凭他们""由着他们""不管他们"同样也是极端。所有事必须无条件听家长的，这种极端方式容易让孩子以家长为主心骨，自己不长主心骨，心智容易停止发育。家长完全放任的消极应对方式，会让这些不成熟的孩子们失去他们真切需要的主心骨，像原野上没有父母的小动物一样胡乱摸索尝试，容易朝着另外一个方向长歪。

家长的智慧和阅历客观上就是要比孩子强，心思就是要比孩子细腻，恰当地引领和教导他们是完全可以，也完全应该做到的。在孩子们努力变独立的道路上，他们其实还不能真正独立和成熟，那么我们就要做到"润物细无声"地来爱他们，继续"暗中"保护着他们健康成长，本质不是退出而是"潜伏"，不再像以前那样高调宠爱小宝宝而已。孩子们要冷静，要独立，要成熟，家长可千万别上赶着当"宠溺的母亲"或者"威慑的父亲"，这样对孩子的成长是一种干扰，费力还不讨好。

既然孩子们的生长变化特征一方面是生理功能的高速提升，另一方面是大脑中加载的程序还不稳定，那么家长们就一定要把重点放在**接受和认可**上。此前，家长可能会觉得这个阶段的亲子关系真是令人头疼，现在，你会发现他们这些"新系统的不稳定性"对家长而言是绝佳的机会。

**改变孩子们的冷漠**

那么接下来，父母应该具体怎么办才能改变孩子们的冷漠呢？

大部分父母就是这么想的，关键词：孩子们改。也许有更多父母认为，孩子们应该变成"温良恭俭让"，对吧？

让一头内心彪悍（注意只是内心觉得自己彪悍）的小野兽变成成年狮王那样具备成熟的生存智慧，其实有点期待过高了。如果是盼着孩子们改，那具体是让他们改得弱一点，还是改得乖一点？青春期的孩子就算道德水平再高，四书五经倒背如流，他们的身体和思维彪悍的变化也是客观事实。如果没有这个从乖宝宝向青年人转变的进化、争斗的过程，那乖宝宝就永远是乖宝宝。再多说一句，**温良恭俭让不应该是孩子们懵懂、木讷，甚至惶恐地要遵循的"死规则"，而应该是极具智慧和阅历后居高临下产生的最优解**。不信，看看历史上的强者们。

所以，如果你希望孩子们改，这个想法就是错的。真正的法则是，孩子有多强，家长要更强一点，拢得住，带得服——佩服的服。

孩子们不要改，家长们要做的是三件事：

第一，理解。理解客观规律——在他们的身体和大脑内部，原来是这样的。

第二，包容。我能接受你们的变化。孩子们出现这种情况，不代表他们变坏了，不代表他们道德水平低下，是脑袋里装的东西开始多了，要变强了。

第三，引领。既然你们已经开始能"懂事"了，那就给你们看看真正高级的东西吧，机会终于来了！要牢牢地记得，我们脑袋里装的"程序"和知识，远远比孩子们那个小脑袋里，那颗崭新的大脑里装的东西要成熟、高级得多。**这种关键时期，家长们就是要启动自己更强大的大脑和心态，深刻认识到不再是简单的疼爱就可以搞定他们了，要冷静地用手掌托住他们，暗中不露声色地帮助他们、熏陶他们、指导他们，要舍得花时间、花精力去教他们更厉害的"程序"和知识，这才是聪明的父母应该做的事情。**

# 篇章 2

# 解决问题

# 第四章 交友变得广泛，认真确定自己和这个世界的关系

孩子们在青春期的一大任务就是发展社交。如果一个小孩儿在青春期不能学会怎么跟同龄人打交道，没有取得好的社交支持，那么他们首先会形成失败者心态，变得不够自信，进而影响所有的自主判断。他们还会在未来的成年人社交中，以一张白纸一样的社交技能来应对更加复杂和艰难的关系，痛苦更多，也更危险。所以，家长要鼓励孩子们在青春期有意识地多学习和尝试社交，并做好指导与保护。

# 1 社交成熟，人才能成熟
## ——社交训练

孩子们一进入青春期更喜欢与自己的朋友交流，即使物理空间上不能待在一起，也会在网络上发生千丝万缕的联系。而且，他们聊的那些内容在家长看来可能完全没有意义，尤其是那些跟学习一点儿关系都没有的内容会让很多父母焦虑，嫌他们耽误时间，怕他们会变坏。所以，很多父母普遍会采取干预或者管控的方式，甚至和孩子们发脾气、闹矛盾。

这又是一个对父母智商和情商的考验。

从有些父母的角度看起来，孩子们所有不干"正经事儿"的时间都是无意义的，只有努力学习、锻炼身体、好好吃饭和好好睡觉等正经事儿，才是一个"成功的孩子"应该花时间的事儿。

但是，请牢牢记住下面这句话：那些家长觉得很无聊、孩子们却乐此不疲的相处和交流，实际上叫作**社交训练**。孩子们对这种社交感兴趣甚至超过对学习的兴趣太正常不过了，因为我们的近亲猴子们就喜欢聚在一起晒太阳、抓虱子、拉帮结伙地玩耍和打架。这些社交需求是灵长类的天性，也是灵长类进化到今天得以建立文明而复杂社会的基础。

**对于孩子们的成长来讲，社交成绩和学习成绩是一样重要的，不分伯仲。**

孩子们在青春期的第一个显著变化是身体，第二个显著变化是大脑，第三个显著变化就是**转变自己的角色**。孩子们会努力地调整自己和父母的关系，也会非常积极认真地确定自己和这个世界的关系。了解了群体，了解了朋友，了解了关系的强弱、善恶、产生和结束，才能真正变成一个成熟的年轻人。我相信没有父母会希望自己的孩子永远做一个巨大的宝宝，但的确有父母希望自己的孩子在中学阶段保持"纯净"，全力以赴学习和考试，不要受繁杂关系的干扰。这样的想法实际上就是想等孩子18岁考上大学以后，才允许他不再做宝宝。那时候，当他猛然睁开眼睛看到这个世界的时候，会发现自己在同龄人眼里可能是个只会做题的小屁孩儿。

**身体要长大，知识要学习，社交也必须逐步复杂起来。**

孩子们在青春期的阶段还没有资格去和成年人的世界打交道。从父母怀里的宝贝到独当一面的青年人，需要有个起步和过渡的阶段来训练社交能力，学习和自己同样聪明、同样敏捷、同样介于"天使"与"魔鬼"之间的同龄人相处，在接近成人化的学校规则中"存活"下来，并建立信心。

## 2 在孩子眼里，同龄人更酷
——学习新的相处规则

青春期交友的第一个重要作用就是让孩子们学习到新的相处规则。在此之前，家里的亲子关系其实是不平等的，爸爸妈妈给爱，孩子接受爱和照顾；爸爸妈妈给出命令，孩子负责执行。总体来说，在这10年，孩子们受到的社交训练就是"**被疼爱，要听话**"。那么孩子的大脑就只擅长被别人疼爱，要听别人的话，他们想要平等交流、权衡复杂情况也都没机会学。

在青春期之前的幼儿园和小学低年级阶段，基本上就是宝宝和别的宝宝相处，这些宝宝觉得自己是个宝宝，然后别人也是宝宝，我们都要做宝宝，再加上有一个绝对的权威来管理这一大群的宝宝，那么宝宝们之间的相处规则还是对家长教导的刻板执行，比如讲规矩、懂礼貌、要谦让、不能随便发脾气、有事情告诉老师等，他们还没有成熟的自我意识，也不觉得自己要成为一个独立的角色，并没有学会成人间的相处规则。

从孩子们的角度来看，原来他们是用宝宝的角度来仰视父母，听从父母的教诲安排，接受父母给他们的关照，这些都是天经地义的事情。突然有一天他们发现，"我现在比我妈高了，我想问题、学新知识、记忆都快过父母"。在审美上孩子们又觉得家长这一辈很土，他们更潮。无论是在生理上还是心理上，他们突然觉得自己的父母不再处于被仰视的位置了。有些父母还会持着原来的家长地位，用那种权威的居高临下的态度来交流，还有的会动不动就发脾气，这种姿态和方式对于孩子们来说"不太对劲儿"——"凭什么呀？"当然，孩子们也很明白，不能老跟家长吵架，发脾气太累，无聊、没劲儿、氛围不好，而且毕竟生活还是要仰仗爹妈的，要吃饭、穿衣、住宿、上学，所以他们会想办法和父母和平相处下去。所以，有很多时候是孩子在"忍让"家长。

相比较而言，从孩子的眼光来看谁更酷呢？当然是同龄人更酷。孩子们和同龄人的那些在家长们看来基本没有意义的交流，在孩子们心里却可能是跌宕起伏的，有些话题甚至有着无比重大的影响和重要的意义。

以下这些小心思，在家长眼里可能幼稚，但在孩子心里却不弱于惊雷。

"他比我高，但是没有我跑得快。"

"她比我学习好，可是没有我长得漂亮，班里的男同学也不那么喜欢她。"

"我可以弹一首钢琴曲,就让很多女生围在周围,就为这个,班里那帮臭小子还老是嘲笑我,没文化!"

"要是在家里,我就不说话了,现在这么多人看着,不说话太丢人了,必须顶回去。"

"我们讨论老师的八卦,竟然能获得这么多的快乐!"

"我觉得老师今天批评我的话很过分,但是我也不能说什么,毕竟老师平常还是很欣赏我的,可以忍一忍。"

"我难过得哭的时候,我的好朋友竟然这么懂我,换作我爸我妈,那恐怕又要说'哭什么哭?一个男孩儿这么容易哭',朋友就是不一样啊!"

这些在内心深处的细节感受和想法,这些同龄人之间或明或暗的交流,这些在新规则中不断沉浸、不断磨砺、不断获得成果的体验,或者遇到了前所未有的大量挫折,对孩子们那颗饥渴的大脑进行着高密度、高强度的高级训练。这一切都不是父母能够给孩子们提供的。

现在,我们做家长的要理解一个客观事实——

青春期一开始,孩子们就不但要用新的姿态来对待父母,还要以新的身份来应对其他人。他们自己觉得自己是独立个体,有着各种偏高的自我评估,再加上都是学习能力极强但又明显情绪化的同龄人,所有这些新的参数会像洪流一样进入他们的崭新大脑,让他们在开心和矛盾中快速升级进化。这就是变成一个大人的必经阶段,是重要的心理和行为的变革过程。

# 3 孩子的审美决定了未来世界的样子
## ——确立社会审美

青春期社交可不仅仅是搞关系这么简单,它还有另外一个重要的作用,就是帮助孩子们**学习新的知识树并且确立社会审美**。

和相处了十多年的家长相比,和同学们相处简直太有意思了!和家长的相处模式是熟悉的,但和同学们的相处毫无疑问会非常新鲜有趣。

那些同学和自己年龄相仿,有着接近的审美,一样的语言体系,相似的流行文化,同样的身体状态和精神状态,以致每个孩子都会兴冲冲地去学校见同学。他们相处的过程中花样百出,乐趣多多,比如游戏、音乐、明星、学习、运动,还有类似八卦老师和同学的小道消息等,对这些话题,父母根本就参与不进去。

举例而言,你会给孩子推荐什么音乐听?你知道挑起一个什么样的电影话题会让孩子们眼睛发光并且自觉自愿、孜孜不倦地去查阅相关的知识吗?

我们必须承认,家长如果想要继续保持和孩子的亲密交流,甚至做到占比大于等于同学社交,所需的成本太高了,必须要耐心挖掘信息,花大量时间沉浸其中才有可能。能做到这一点的父母一定是非常优秀的,有这样的心胸和智慧也一定不会粗暴干涉孩子们的成长和感受,但客观上,对于绝大多数人来说难度太大了。

如果把控不了所有细节,不能点滴参与,那么父母应该怎么做?

**不要试图取代同龄人社交的乐趣,因为没必要。要鼓励孩子们给自己的大脑和人生增加这一部分乐趣,对细节放手的同时,做好"保底"和"摸高"两个任务即可。**

无论是游戏、影视还是音乐,孩子们有他们喜欢的理由。每个孩子都是带着自己感兴趣的新文化去和身边的同龄人交流的,这种乐趣是家长无法给予的。他们就像网络上的一台台电脑,把新的东西交汇在一起,形成了新一代的知识树(或者叫作知识网)。这可不是无聊和浅薄,因为这就是未来的样子。这些新的话题就是世界上出现的各种人类文明的新成果,当然良莠不齐,但如果你从观念上就完全拒绝接受新事物的出现,这就是落后嘛!只有老一套知识树的话,这个世界就难以成长了。我们战略上接受,战术上识别优劣并加以取舍，才能够帮助孩子们去选择更新、更好的东西。

举个例子，在20世纪80年代，香港流行歌曲风靡全国。那个时候我们的父辈们还在听革命歌曲和民歌，时髦一点的听邓丽君，但孩子们听四大天王和Beyond，所有的流行话题也几乎都与此有关，仿佛你要不喜欢一个香港偶像就是特别落后和"土"的表现。但现在再看看呢？

孩子们今天面临的（社会系统性）压力，很有可能一首《吻别》解决不了，而"猪你太白"则会产生奇效。只是凭自己对30年前的香港流行音乐的喜好而否定孩子们今时今日的审美，会让自己显得非常狭隘，也会让亲子关系蒙上一层不必要的阴影。

**家长需要做的是分辨优和劣**，找到新的正确和新的美好，才能帮助孩子形成好的审美。审美是重要的，审美不仅仅是人长得好不好看、音乐好不好听、颜色鲜不鲜艳，审美存在于生活里的方方面面，审美决定了未来世界的样子。

事实上，包括孩子在内的所有人都喜欢更先进、更文明、更美好，此刻你可能看不惯、看不上他们花大把时间关注和交流的内容，但是他们之间形成的这种新的文化交流、知识交流，也许就是20年后的主流模样，那么这就是我们应该支持孩子做的事情。

# 4 接受心理磨砺才能适应环境
## ——学习竞争、合作与处理矛盾

除了学习新的知识树和确立社会审美之外，青春期社交还有着第三个非常重要的作用，那就是学习处理矛盾，学习竞争与合作，接受心理磨砺。

与学习知识不同，<u>学习竞争、合作和处理矛盾会给孩子们高密度的心理训练，家长在这方面很难模拟如此复杂的关系总和，因此也起不到太多作用。</u>在家庭里成长，家长能够更多提供的是物质和关爱，但是朋友之间的真实相处，可以通过非常多的方式，包括合作、竞争、对立、取舍等，把孩子们柔弱的内心进行强化，而且是无间断强化、方方面面强化。

以下列举几个常见的心理训练角度：

"成绩谁好谁坏？在班里怎么排序？在老师面前如何自处？"

"体育谁强谁弱？在运动会上我是那个闪光的明星，还是那个被哄笑的人？"

"被异性喜欢还是排斥？我应该怎么变才能变得更加有魅力，让更多人喜欢我？"

"为什么他们几个人这么坏，总要欺负别人，我要不要管？该怎么管？"

"讲笑话抖机灵，没有人笑，大家都用奇怪的眼神看我，是我的问题吗？"

在上述过程中，无论是成功的自信感还是压抑的委屈感，这些体会是家长给不了的，而这一切又都是青少年必须经历的，是成长中一笔宝贵财富。

强大的人之所以强大，一定是因为经历了比别人更多的磨砺，曾经不断挑战最终还能"活"下来，还能够保持积极，面对环境并适应环境，最终成为强大者。一个孩子什么都不经历，就不会有这些感受，勇气和智慧都不支持他变得强大。

## 5 不要打散青春期的小团体
### ——主从关系，建立自信

青少年和同伴的关系越密切，就面临着越复杂的变化，这个过程能够自然训练出孩子们更加强大的情感能力，以及对未来社会的适应性。

小孩子们的交流模型是"宝宝对宝宝"，一对一，两人可以好好聊天；再大一点，会慢慢出现一些关系稳定的小团体，但都是玩伴的关系。当孩子们进入青春期的后期，他们之间的关系会出现剧烈的变化。在这个阶段，孩子们会出现**以强弱、成绩、性别、文化，还有身份、名誉、形象等为基础形成的小团体**，这些都是青春期社交中的常见形态变化。如果你的孩子已经开始有个稳定的小团体了，千万不要粗暴地去打散他们。

我记得在我小学高年级和初中时期，就曾经拥有这样一个小团体，八九个人，有男有女，而我们的组合主要是因为住得近，并不是因为成绩好坏或者其他兴趣所致。我们每天一起放学回家，有的时候一起做作业，周末一起拿起扫帚去给校外的礼堂做扫除，因为这是当时很流行的社会实践。当然，我们更多的时间是一起聊天，互相关心，互相交流。

因为大家在一起的时间比较多，且聊的话题都是我们感兴趣的，再加上对那个时代的家长而言，男生女生关系走得近是敏感的，所以有一次，其中一位男同学的父亲当着我们所有小团体成员的面，说了非常难听的粗暴的话，那个同学就再也没有参加过我们的活动。

事实上，青春期的小团体很重要。除了大量信息共享和情绪交流之外，经历过小团体之后，孩子们心里就自然会有**先进等级、领导和服从**的概念产生了。

首先，无论是校方组织的兴趣社团，还是孩子们自发形成的讨论小组，在孩子们的"社会"里会对每一个小团体产生不同的评级。例如，"校足队比田径队更酷""鼓乐队太无聊了，看着就比较土""国旗班那可是整个学校的宠儿，无比光荣"，等等。评级最高的圈子是孩子们最想加入的，但同时也是对成员要求最高、管理最严密的，内部的组织结构和成员关系也最正规。以此类推。

其次，在每个小团体的内部，领导者是一群孩子中地位最高的成员，他可以一定程度上（甚至全权）决定谁能够加入，谁必须离开。如何向下做好吸引、组织和管理，如何平等地分工、协作、归责,如何向"上"负责、汇报和争取资源,是团体成员们经受的宝贵训练。直白点说,团队里谁是老大、谁是老二,谁是强者、谁是弱者,我应该担当什么角色,怎样竞争和合作,如何面对成功的喜悦和挫折的沮丧甚至压力……这样的心理训练,家庭给不了,学校不够精确,班级有老师带领和影响,都没法取代小团体的训练效果。

当然,小团体的确会给一些孩子,尤其是那些不太合群的孩子造成情绪上的困扰,这个是客观事实。但是从另外一个角度想,如果孩子连小团体的问题都应对不了,找不准自己的位置,无法适应这个复杂级别的游戏规则,是不是可以说明孩子在某些方面偏弱?

我相信,没有家长愿意自己的孩子是弱者,对吗?

怎么办?只有一个办法,让他们去体会、去尝试,家长要做的是不那么明显和刻意的引导、帮助、呵护,更是绝对不能阻拦这件事情,更不能粗暴地否定和羞辱他们的参与和努力。因为,即使我们人类再聪明,也没有办法做到家长念一句咒语"你变强变成熟",孩子就变强、变成熟了。所以,无论是在小团体里获得主导权,被同伴们认可,还是被同伴嫌弃、否定、排挤,产生沮丧感,对孩子们来说都是好事,都是他们的宝贵训练过程。在这个过程中自然而然细分出强、中、弱。

家长不需要太过担心,一方面,此刻的弱并不代表一直会弱下去，体会到弱才能见识到强。另一方面，不是还有家长在旁关注，并给予关心和帮助吗？人生是发展变化的，如果此刻的孩子感受到"弱"，家长就把他们保护起来，从此退出这些社交活动，那才意味着停止进化、被淘汰，是真正的一辈子弱。

所以，同伴团体是青春期少年获得情感、同理心、理解道德的不可替代的来源，是他们宝贵的实践场所，也是孩子们脱离父母之后独立自处的重要基础，所有的这一切最终都指向了一个目标，那就是**建立自信**。

## 6 远离坏人，互联网防御难度五颗星
——不越界，不放大，不失控

在前面，我们讲了青春期社交有着非常重要的三个作用：学习新的相处规则和知识树，确立社会审美，还有就是对孩子们内心的高密度训练。相信很多家长都能理解并付诸实施，但是有一个问题会让家长们担心甚至焦虑，那就是如果孩子交友不慎怎么办？如果我家孩子交到有不良价值观或行为的"坏"朋友了，那些人把我们家孩子带坏了怎么办？

这种状况值得担心，但也不值得担心。

我们把交友不慎的防御措施分为不同的层次。最浅层，是最健康的状态，那就是家长提供一个比较健康的环境。这里的健康环境，既包括家庭的相处模式和氛围，也包括学校的环境和同学们的品质。**家长们可以从时间和空间的角度把自己的孩子和那些不良朋友隔离开**，客观上减少孩子和他们接触的机会。

在这个解决方案中，防御难度比较大的是互联网。理论上，孩子们在互联网上可以遇到各种人，其中隐藏了很多躲在阴暗角落里的坏人，各种不健康的内容也都有。针对这个问题，家长可以记住几个关键词：历史记录、屏幕使用时间、在线支付、自我安全意识，以及对设备的物理隔离。

具体而言，为了防止孩子们在无知懵懂的状态下误触不良内容，接触不良人员，**家长需要首先和孩子建立基本的信任关系**，这一点虽然只有一句话，却需要前面几年的耐心和努力，其实并不轻松。

其次，在有了基本信任之后，家长需要和孩子约定，可以根据需要，进行学习性或者娱乐性的互联网使用。但是，不能删除历史记录，如果遇到有不健康内容的页面，需要主动跟爸爸妈妈讲，由爸爸妈妈来做出处理。

很多人看完这一条都能明白，这只是一条君子协定，因为孩子们如果看了不想让你知道的内容，很可能会进行有选择地删除历史记录。注意，这种行为也很常见，不代表孩子就变得很恶劣了，也许他们只是想避免麻烦，而不是真的堕落了。

为了避免这种欺骗性的行为，家长需要学会看电源的使用时间，或者屏幕使用时间。在 Windows 系统里，【控制面板—系统—电源和电池】界面中，可以查看每个应用的电池使用时间情况，结合历史记录的时间记载，可以初步估算孩子有没有悄悄动手脚。与之类似的是，IOS 系统里的【设置—屏幕使用时间】也会提供详细的 app 使用时间记录，安卓系统里【设置—电池】里会提供各个软件耗电量的排行，以及每个软件具体的使用时间。聪明的家长看到这里，已经知道如何不被孩子们幼稚的掩护手法所欺骗了。

更关键的问题来了，如果发现孩子们在这些事情上动手脚，应该怎么处理？

**有多少证据，说多少话。**

这一点非常重要，千万不要越界，不要发挥，不要失控。

手握证据是为了证明孩子们犯了错误并撒了谎，并据此要求他们为自己的错误和不守信而承担责任，有了认错的起点，才有改错的通道。之所以不要冒进，不要越界发挥，是为了防止过大的压力让孩子们不敢认错。你给他留出改错的通道，他才可能向你期待的方向前进。你把路堵死，指望着孩子自己因为懂道理而主动改错，那是很难的。如果道理都懂的话，当初就不会犯这些错误。

同时，惩罚是必须的，建议秉持 1∶2 的原则进行，也就是如果发现"摸鱼"1 小时，就惩罚孩子当天或者次日减少 2 小时的使用时间。一个简单的算术题，会让孩子们觉得不划算，还是不违规比较好。

最后，要给孩子们一点点自由支配的时间，在这个时间里家长不干涉具体内容。如果你还担心孩子们会专门在这些自由时间看坏的内容，那么你看后面的内容。

家长没有办法每一秒都详细掌握孩子们在网络上和现实中的行为，但这个年龄段的孩子还比较单纯，所以他们倘若真的受了什么影响或者冲击，都会表现在生活的点点滴滴里的。以下几个指标关键词，可以帮你更全面地观察和判断孩子的状态。

**关键词一，孩子的时间分配如何？** 如果他们更愿意花时间在正确的事情和内容上，比如学习、艺术、锻炼和优秀的人相互学习交流等，就是好的迹象。反之，如果他们不愿意花时间在这些健康的事情上，那么尽管你没看到他们干"坏"事（相信我他们可以做到），也要提高警惕了。原因很简单，他们的大脑中"正邪"势不两立。

**关键词二，孩子日常表露的兴趣集中在哪些事情上？** 与上一条同理，他们如果对更多健康的事情和美好的事情能够产生强烈的兴趣，就意味着很难有心思和时间去顾及那些差的东西。底层欲望的成瘾性往往极强，当他们的大脑被恶趣味侵占之后，也很难集中精力和兴趣在高级的内容和健康的内容上，因为那需要更多的自制力。

**关键词三，言谈举止的风格变化。** 孩子们如果接受了某种文化、社交风格，就会表露在自己的言谈举止中。比如，读多了鲁迅，就会不自觉地模仿鲁迅的口吻，"大抵如此""一棵是枣树，另一棵也是枣树"，等等；读多了《红楼梦》，就会不自觉模仿林黛玉、王熙凤的口吻，"不过是个没心胸的家伙罢了""好生奇怪，倒好像在哪里见过一般"，等等。跟什么人接触多了，都会产生无意识的互相模仿，所以不必等到孩子满口脏话才幡然醒悟，这些点滴迹象都能反映出最近他跟什么人走得近，或者什么风格的内容集中地、大量地冲进了他的大脑，改变了他的言谈举止。

## 7 避免交友不慎的终极定律
### ——青少年喜欢和经历相似的人在一起

接下来,我要做一个可能会冒犯到一些家长的总结。

青少年喜欢和经历相似的同伴在一起。

就是这句话,再重复一遍:青少年喜欢和经历相似的同伴在一起相处。

为什么这句话如此重要,因为他揭示了避免交友不慎的终极定律。成绩差不多,学校差不多,亲近社会的程度差不多,脑袋里装的东西差不多,这些孩子就特别容易走到一起。那么,不受欢迎、成绩不好、攻击性强的儿童,就会彼此吸引,互相影响,甚至互相鼓励。发展到后期他们还互相提要求,"你去把那个汽车轮胎扎了""你替我收拾一顿那个家伙",等等。一旦到了这个程度,父母的教养行为就很难再有效地约束自己的孩子了。

之所以讲这一段,是想请父母们警惕自己现在对孩子的教育状态。治本，是效果最好的策略。如果说宝宝们一开始是白纸，那么请大家相信自己的孩子，在"白纸"的内心深处每个人都希望得到的是认同，每一张"小白纸"都是向好的。

在"小白纸们"做错事之后，在吃了亏、惹了祸、犯了错误之后，他们是希望搞明白自己错在哪里，希望明白自己为什么吃亏、上当、受骗，希望避免再次犯错。他们想学到这些东西，他们不希望受到惩罚。另外，每一张"小白纸"都希望得到认可，尤其是在努力之后或者是取得成绩之后。孩子们特别希望得到认同，这时候你要鼓励，要表扬，要认可，要称赞他们很努力，要希望他们下次更好。

孩子们在日常生活中如果犯了错，其实特别不希望爸爸妈妈情绪失控、大发雷霆地一顿指责和批评，因为他们最初不是故意的，他们没有恶的想法，他们本身是困惑的。这时候如果父母能够给予正确的引导和教育，效果会特别好，而情绪失控地发飙不会让孩子学到任何有价值的东西。

你的孩子交什么样的朋友，最大的影响因素是你之前在他的身体和大脑中装载了什么样的"程序"。如果经过你的言传身教，你的小孩守规矩，会排队，会走人行横道，会有正常的花销，不会情绪化挥霍，有自己的兴趣喜好，会自觉地学习，对知识有兴趣，愿意求解，能跟父母无障碍交流，甚至愿意主动跟父母分享生活里的乐趣和感受，那么你的孩子是不会和那些喜欢欺骗、贪图享乐不守规矩、不管别人感受的孩子成为朋友的。因为，他们心里根本就不会认同那些人。

而那些没什么规矩，没什么自制力，没什么自信，没储备什么知识的孩子，尤其是那些不能和家长无障碍交流的孩子，甚至怕和家长交流的孩子（因为他们在家长那里从来没得到过认可和指导），大概率会结交到坏人。有调查统计结果显示，一个朋友团体里如果有抽烟的，那么这个团体整个抽烟的概率就会增大，喝酒也是一样的。

心理稳定、向好的孩子，就会避免受到外界那些有不良习惯孩子的影响。而在结交陌生人之前，孩子的稳定、向好的心理状态，是完完全全要依靠父母来培养和建立的。

只有前期给孩子筑起的心理防线越牢固，才能在遇到坏人诱惑的时候越警惕，也越不容易被他们影响。

因此，家长要在平日的生活里言传身教，潜移默化地熏陶，不断给孩子们提供健康的、美好的、经典的高级内容。这是对家长提出的一个建议，更是挑战。请大家相信，孩子们的大脑是向好的，虽然一定会有初级欲望的存在蛊惑他们，但当高级的、美好的、精妙的内容存在时，就会在客观上帮助他们不再放纵自己的低级欲望而向阳而生。

举例而言，当你给孩子们看过那些编剧、摄影、表演都上等的电影时，他们就不会对粗制滥造的视频过度沉迷；当你给孩子听过历史上迷人的古典音乐和流行音乐后，他们就不会对口水歌过度沉迷；当你给孩子们细细讲过《基督山伯爵》《水浒传》《人类群星闪耀时》之后，他们就不会对那些休闲奇幻的文学以及不学无术的人产生任何兴趣；当你能带领他们体会过编程、作图、特效制作之后，他们就不会再看得上低幼的画面和界面。总而言之一句话，想要他们脱离低级诱惑，只有提供高级的认知这条通道，青少年如此，成年人也是如此。不同认知的人稍微一交流，就立刻能够产生判断，进而决定关系的远近亲疏。

最后总结一下，家长究竟应该抱着什么样的心态来应对青春期交友的问题呢？

## 8 科学应对青春期的情感萌动
## ——不支持，不扼杀

　　青春期最重要的生理变化除了长个儿、长肌肉，变得特别能折腾之外，就是性成熟。从生殖系统的成熟就位，到第二性征的逐渐明显，再到青春期晚期具备了繁殖能力，男孩儿开始有了梦遗，女生来了月经初潮。孩子们也不明所以，不理解自己的关注点，也不太理解自己的身体变化，以及未来会发生什么。这时候如果没有人指引，他们就只能完全凭感觉来。

　　这些都是客观规律，请家长们首先树立一个清晰的意识——**孩子们的身体不可避免地增加了这项功能**。如果到了这个阶段你家"宝宝"的脑子里关于这件事情是完全空白的，没有感受、没有需求、没有冲动，那才是真正值得担心的。

　　不光生理条件具备，孩子们的情感中枢也自然加载了关于感情和性的本能程序，他们有感觉、有欲望、有好奇心，而且他们对这个东西是又怕又感兴趣。咱们都年轻过，自己都当过青春期的孩子，谁都体会过那种感受。在他们这个年龄段，如果想去了解异性是非常正常的现象。毕竟从生下来到现在的十几年里，他们的眼睛里其实是"不分男女"的，突然之间自己的身体和感觉不一样了，自己曾经熟悉的小朋友恍若突然变了一个样子，产生了完全不同的吸引力，怎么能不去强关注呢？

他们可以通过自己的努力，以自己为主体接受大量社交关系，可以接受复杂情感，遵守复杂的规则。原来的他们是宝宝心态，什么都是由着家长，自己是个不独立的从属角色，现在这一点产生了翻天覆地的变化。在大量社会关系中，他们开始变成主角，这其中既包括我们前面讲的小团体关系，也包括更具体、更真切、更聚焦的私人情感关系。

**对异性的兴趣和对情感的需求，这一切太正常了，没有人愿意变"坏"。**

这种时候，孩子不懂，但家长懂；孩子不知道为什么，但家长知道；孩子们又爱又怕，但家长心里什么都清楚，所以家长在这种时候千万不能堵，不能压制，只能引导。为什么？因为孩子们的大脑缺的不是道德和禁锢，而是正确的知识以及如何应对。

综合身体发育、大脑发育、社会角色、性健康和安全、道德及法律等各种因素，我们必须明确态度，不支持孩子在

18 岁以前像成年人那样投入时间和精力去谈恋爱。因为他们还不够成熟,不能行责自负,无论从时间成本还是风险承担的角度,都没有办法自洽。

但是,对于家长来说,**不支持谈恋爱≠扼杀感情萌动**。

家长要学会两件事:第一是尊重和接受规律。第二是学习怎么样去引导,防范风险。

## 9 总结：如何应对青春期交友问题？
## ——斗智不斗勇，培养孩子稳定向好的心态

进入青春期之后的社交非常重要，孩子们时间花在哪里，日常能学到什么样的东西，在同伴面前会怎样被评价，都是对孩子成长非常重要的影响因素。青春期期间，孩子们在和同龄人打交道过程中，制订规则、遵守规则、处理矛盾、产生友谊，这一切的过程如果处理不好，那么孩子长大后进入到成人世界就会更吃亏。所以，家长要鼓励孩子们去结交不同的朋友，去跟不同的人接触，学会和人相处，学会合作竞争和资源的争取，而且最好能教会孩子们有资格去学会制订和遵守规则。

最后，给大家宽宽心。根据心理学家的研究表明，青春期社交在时间上还有一个规律，就是同伴的影响在青春期的早期是最大的，在12岁到13岁达到顶点。就这两年左右的时间里，他们对朋友的影响更看重，等到了青春期的中后期，

随着孩子们与父母的关系重新达成良好状态，随着他们的大脑发育更加成熟，重新看待整个世界，同伴的影响就会逐渐地降低。

所以，青春期早期如果孩子表现出来对同伴的强依恋，不意味着问题非常严重。家长只须小心一种情况就好，那就是，如果孩子对同伴的依恋太强烈，以致为了获得同伴的认同而甘愿违背家里的规定，或者放弃学习，或者放弃发展自己的某项才能，不顾一切地去讨好同伴，这个状态是不健康的，必须要进行干预。

而关于青春期孩子情感波动的问题，家长选择何种策略，取决于家长自己对情感的亲身体验和认知广度，也取决于家长的目标。如果只把孩子的优秀与否定义为成绩好这个单一指标，那么任何其他因素都是敌人，包括体育锻炼、健康饮食、交友、课外阅读、家务劳动，等等。如果家长的心胸足够宽广，对科学规律也足够尊重的话，我们把所有的建议总结成八个字：<u>保护美好，防范风险</u>。

家长的头脑中要明确自己的任务，分成两个步骤。

第一步，了解孩子青春期的生长发育规律，信任他们的大脑可以装下很多事情，即使情感体验上经历一些悲欢离合的波动，他们的大脑也有绝对的余量能向好——可以做好功课，可以友善地对待父母的关心，可以在学校做一个德智体全面发展的好孩子，只把情感上的波动留给自己悄悄品味。

第二步，有了对孩子的信任之后，如果发现孩子开始有了自己的情感波动，家长要注意观察孩子们的状态，在他们遭遇困惑的时候适度介入，教会他们什么是更美好的、更优秀的情感表现，引导他们用更好的策略保持做好自己的事情。只要孩子的身体、学习、亲情、人格等基本面稳定，无论情感上发生多少小波动，都不会造成这个年龄段的孩子崩溃和沉沦。

家长做到冷静和温和，才能避免事态的扭曲和极端化，才可能让孩子对待自己的情感波动更冷静，更温和。

# 第五章 成绩开始波动，大脑内在上演信息争夺战

孩子成绩下降其实是家长的问题。

没有甩锅，不是哗众取宠，读完这一篇的内容，你一定会认同我。

很多家长最担心的事情就是孩子们在青春期时学习成绩出现波动，甚至从初中开始一蹶不振，从此人生下行。的确，青春期的大干扰实在是太多了，我们在前面已经讲了一些，比如说从摆弄发型，到喜欢奇装异服；从狂追偶像组合到沉迷上网游戏；从敏感、青涩、懵懂，再到真正的脸红心跳不可描述。如果说这些还算正常范围的话，那么倘若再沾染抽烟喝酒的恶习，甚至交友不慎干点坏事，这个世界对于青春期的孩子来讲，就仿佛全是陷阱，太危险了！

# 1 孩子成绩下降其实是家长的问题
## ——管好边界，填好内容

那如果孩子们成绩下降了怎么办？

**先别看孩子出了什么问题，先停下抱怨，看看自己有没有问题。**

第一，孩子会不会掉进这些陷阱里，**作为家长，你会不会提前有预判？**

孩子被哪些事情影响甚至诱惑，以至于不能专心学习，家长提前有注意到吗？如果一直没有注意到，直到孩子考了班里最后十名才震惊大怒、焦虑不已，是不是失责了？如果之前有所察觉，感觉到孩子情绪有点不对劲、精神不集中、时间安排有问题、对待学习不上心，那么家长都做了什么相应的处理呢？询问、沟通、陪伴、督促、开导，这些需要花心思的事情都做了吗？就像你和孩子在远足登山，远远看到道路崎岖坑洼、荆棘密布，你会不会提前有所准备，比如拉住他的手,带他一步一步安全行进,如此这般管好孩子?如果你毫无预警径直前行,忽然一回头发现孩子不见了——原来是掉坑里摔伤了,甚至不知所踪,那么是不是会自责懊悔自己失职了。

第二,孩子们的脑袋里装什么东西,装多少,**作为家长,你有没有管理好?**

青春期的孩子们大脑高速发育,所有新知识对他们来说都是能轻松掌握的,无论是学习记忆还是辨识反思,无论是复杂的游戏还是大量短视频观看模仿,这个崭新的大脑性能都足够用,学得都一样快。不过不妙的是,他们只是快,却并不知道自己应该学什么。反观那些不良习惯和劣质的游戏设计,影响的恰好是人类的底层欲望,作为"无知的小动物"很难自我防控。就像你买了一台崭新的高性能电脑,会选择往里面装什么程序呢?你给它装满游戏就是游戏机,装满工具软件就是办公生产用机,装满电影、电视剧就只能成为娱乐机。同样是这台高性能新电脑,最终成为什么机器的选择权其实在你手里。

## 2 道理都懂，就是不照做
### ——冲动和情绪管理

我们首先来复习一个重要的知识点。

人类发达的大脑优势在于皮层的发达，在婴儿期即两岁左右会产生第一次超高速发育，神经元细胞数量呈全面几何级增长；在青春期之前的不久，也就是小学一年级、二年级的时候，会产生第二次超高速发育，也是人一生中最后一次超高速发育。而这一次的发育突进主要集中在额叶。额叶主要负责计划、推理、判断、情绪管理中的控制冲动等等，对于一个人从"动物性"的人变成"高级理性"的人至关重要。

**学习成绩好，是知识储备好的表现，也是有计划、有耐心、有自控力，能参与复杂游戏规则内竞争的良好表现，这一切都要依赖于大脑皮层的良好发育。**

这个发育过程，只靠缺乏判断力、选择力和自制力的孩子自己是不行的。家长稍微一不注意，他们就可能跑偏，而且因为他们的脑子太快，一旦跑偏就容易跑得很偏，很难拉回来。简单总结，孩子小的时候家长要给爱，成年之后家长要给钱，中间这段青春期家长要给出自己的耐心、陪伴和智慧。**管好边界，填好内容，才能让孩子在这个大脑超级颠簸的时间段内稳定前进**。如果光想着说一句"应该好好学习啊"就能让他当乖宝宝，拿出满意的成绩单，那是不太现实的。

读到这里，为了防止一部分家长误会我的重点，我需要特别说明一下：耐心的陪伴和选择，不代表你要坐在孩子边上，每天逐题、逐字、逐句地指导他学习。功夫不在这些表面的"帮助学习"上。事实上，孩子们有能力独自解决大部分学习问题，而且你不一定能学得有他好、做题有他快。

刚才之所以要复习"额叶在青春期的高速发育"这个重要的知识点，是为了强调以下三个问题：

**第一，额叶负责冲动和情绪管理**。在额叶发达起来之前，孩子们的确容易情绪冲动，情感压倒理智。这种现象有的时候是大喊大叫的冲动，有的时候是默默消沉的郁闷，有的时候表现为"明明道理都知道但就是不接受"。有时候你给他讲道理，你觉得说一遍说得很透了，他好像也点点头，说自己听明白了，但就是不去做正确的事情。

为什么他们就不听话呢？真实的原因是"脑子不够用"，也就是说他们的大脑在这个阶段还没有发达到可以理性地听懂道理并勤勉地照此执行。皮层不成熟的时候情感压倒理智是正常现象，可以理解为他们就是像小动物一样遵循自己的本能来行动。**不够明智地做选择是小孩们常见的行为。**青少年更容易追求兴奋、新奇、刺激，很难听进去成年人的合理建议，不是不愿意，是不能。

很多家长最大的一个困惑就是，"为什么我讲道理讲得挺明白的，而且我是好好跟他说话，没有发脾气，他怎么就不听呢？"现在大家可以理解了，因为他们的额叶还没有发展成完全的成年人的程度，**语言能听懂，逻辑能认同，但心里的理性部分不支持他们遵照执行。**

这就是他们大脑的现状，家长需要理解，并且接受。具体的建议就是放低期待，不要幻想对他们可以达到"令行禁止，如臂使指"的状态，那本质上是一种偷懒、嫌麻烦的心态。妙法只有一个——不断重复，不断督促。只要家长做得到，孩子们就会在这条设定好的正确通道中加速前进的，请放心。

# 3 喜欢刺激，容易上瘾
## ——动机和成瘾管理

**第二，额叶还负责动机和成瘾管理。**额叶皮质不够发达的时候，青少年缺乏理性决策能力，没办法专注于长期目标，反而容易对多样性的新鲜的刺激投入过深甚至上瘾。对，我说的就是互联网、游戏和短视频，等等。

一个真实的案例。丁丁是一个12岁的男孩，刚开始有青春期的迹象。在上网的时候无意中开始接触到漫画，结果一下子上瘾了。从家长的角度看，"这都画了些什么呀，乱七八糟的一点儿营养都没有！"但从孩子的角度看，可都是新鲜事物，人际关系、校园轶事、吹牛八卦、奇谈怪想，孩子根本禁不住这些内容的诱惑。

从成年人的角度当然容易判断，这些不现实的臆想和胡说八道的内容对现实世界的资源获取没有丝毫意义，纯粹是浪费时间。但孩子们没有经历过现实世界的竞争、猎取和捕获,他们不知道这些东西有没有意义,他们只会感到刺激和快乐。上瘾就意味着失控,接下来他们可能上课也看,做作业的时候也偷偷摸摸看,还要千方百计防止家长发现。大多数家长看到这里时从直觉上会有什么反应?

——"完了!孩子学坏了,我这孩子没养好,变成一个坏孩子了,这明显是错事为什么管不住自己?太可恨了!必须狠狠地收拾一顿,再改不好就麻烦了!"

请冷静。成年人也有很多明知道有害但依旧会做的事情,比如抽烟、喝酒、烫头发,更何况这些小孩子从心眼儿里未必认为这样的漫画有什么坏处。

这种判断能力就是他们大脑发育还不够成熟的一种表现,即容易上瘾,动机淡薄。等到他再长大一点到 20 岁左右的时候,一般就会有清晰的理性思维了,那时他们能够建立一个明确的目标并为之管理自己所有的行为。所以我们要做的不是发脾气,而是要换个思维:他们的脑子目前就这个水平,在这个特殊阶段就需要家长的督促和指导。他们那些让你生气的行为和态度,其实很有可能不是故意要对抗,不是憋着坏心眼非要堕落,只是他们的大脑还不支持家长期待的自主功能。

**第三,额叶在青春期时高速发展,说明孩子们客观上会越来越理性**,有充足的神经元支持他们越来越爱思考,随着成长他们也会越来越擅于自我管理。对家长而言,这个变化的过程看不到、摸不着，容易被忽略。但请记住，**只要家长注意加强训练**，孩子们就能举一反三地自主学习，关键在于家长如何训练。各位没有看错，的确是用的"训练"这样一个词。

## 4 持续训练才能"长脑子"
## ——用进废退

科学知识请记牢。在大脑皮质的神经元发育突进之后，还会出现一个生理性的规律，学术上称之为"修剪"。简单地说，就是在爆炸式发育出来的神经元之间会产生很多"功能连接"，使孩子们学东西特别快，经过训练后会擅长古诗、画画、体育、弹琴、表演、英语，等等。但同时那些不经过训练的神经元细胞之间的连接，因为时间和资源有限，少用或者不用就会被"修剪"掉，最终消失，就是**脑细胞级别的用进废退**。这个修剪过程是人类让自己的大脑变得更加高效的过程，如果几百亿神经元网络里每一个连接都保留下来并随时活跃的话，人体仅靠吃饭那点能量都不一定能养活大脑。在青春期阶段，正是因为对额叶的不断修剪才促进了每个人个体的认知加工成熟，有的人擅于音乐，有的人擅于美术，有的人擅于数学，有的人擅于创造性思维等，每个人都不全能,但每个人也都有自己的特长。

**家长要利用好这段宝贵的修剪期,牢记大脑的用进废退。**

道理明白了,具体怎么用呢?很多家长会困惑,怎么才能让孩子对那些正确的内容感兴趣,比如学习知识、锻炼身体、逻辑思维,等等,而且要不断强化它们,以利用**用进废退**的生理规律来训练孩子呢?

唤醒一下前面讲过的很重要的基础理论:**额叶主要负责控制冲动,负责计划、逻辑、推理、判断以及情绪管理。** 额叶天生就是干这个的,所以对知识的渴求,对逻辑的偏爱,对抽象思维的喜爱,对理性计划的享受,以及对自控力的崇尚就是额叶长在脑子里的作用,天生就有而且天生很强,就看家长教不教孩子使用了。

如果家长放任孩子由着幼稚的生物本能来,该上瘾上瘾,或者发现孩子上瘾了就给一顿打骂,不舍得花心思去细细调教的话,那么孩子的额叶发展偏颇就是家长的责任。孩子本身是没有这个选择和辨识能力的,一定需要比他成熟和厉害的外援给他输入,并持续对他进行训练才能**长脑子**,而家长就是最具优势的外援。由家长耐心地言传身教是一种结果,由那些生活里和网络上的坏人来教就是另一种结果。青春期孩子嗷嗷待哺的大脑就是一个必争的战场,你不要那就会飞速奔向别人。

必须再强调一遍,**用进废退**这四个字,是孩子们大脑发育的客观规律，不是我们为了彰显自己的正确和高级而空喊出来的口号。每分每秒，孩子们的先进大脑就在那里等待外界的输入，给好的就逐渐变好，不给好东西，那些宝贵的神经元就会被修剪掉，时不我待。

  现在，我们可以明确自己的任务了。你希望孩子的能力往哪个方向强化，就要刻意多训练哪些内容，不是简单地看着、陪着、待着、熬着这么简单，是要多花时间、多用心思、悄无声息、不那么刻意地去占领孩子们大脑里那些宝贵的皮质细胞，要让孩子们学好东西。只有家长多给，孩子们才能多学进去，他们的本质是愿意的，就像小时候喂饭一样。小时候是身体饥饿，现在是前额叶皮质饥渴。

# 5 孩子的本质其实热爱学习
## ——大脑喜欢解决问题

如果关于前额叶皮质的基础科学知识让你觉得豁然开朗的话,别着急,我们还有一个能醍醐灌顶的基础科学知识介绍给大家。

这个规律就是,大脑里面还有一种神经细胞叫作白质。白质是连接不同脑区的神经纤维。这就像,大脑里面有很多零部件,有的负责处理视觉信息,有的负责处理音频信息,有的负责思考,有的负责记忆,白质负责联接这些强大的零部件使它们运转自如。白质在孩子们童年早期开始增多,生长顺序是从额叶开始向大脑的后部移动。当孩子们到了6~13岁这个阶段,颞叶和顶叶(和额叶平级的两个皮层区域)之间的白质发生了惊人的生长。

颞叶和顶叶负责什么呢?

**它们负责感觉、言语、空间和理解。**

这个规律告诉我们，孩子们的大脑除了变得更高级和更有自控力之外，开始变成全脑综合判断，能整合所有信息进行复杂的综合思考，硬件性能上已经准备好了。

小的时候，他们很单纯，会被一个好玩的玩具吸引很久的注意力，一玩就玩上半天。小的时候，家长给他们一个平板电脑或者给讲个故事，孩子们就能感到满足，因为他们的大脑感受这些东西就够了，多了处理不了。现在情况变化了，他们用眼睛看、用耳朵听、用皮肤触摸，用思维推理，所有的色、声、香、味、触对他们来讲都是刺激。他们现在都是全脑综合判断，所以单项的一个刺激，无论是游戏还是歌舞，根本就没有办法满足他们全面的愉悦需求。

需求这么强，正是家长的机会。只有各种各样的新知识、各种各样的新关系、丰富鲜活的世界还有富有魅力的爸爸妈妈才能满足他们那颗崭新的高速大脑的需求，这就是客观规律。

孩子们在青春期开始时的确看着会有点"不对劲"，可能会有点失控，家长要稳住，不要只是对着这些变化和表现发脾气，而要注意到这些现象背后的需求。他们的大脑客观上会开始喜欢更加高级的东西，比如逻辑、思维、推导、计划、控制等，这个阶段的大脑客观上就喜欢这些复杂的人类文明。孩子们的"订单"都汹涌而来了，咱们当父母的不"发货"吗？

最后总结一句话。这个阶段的孩子是爱学习的,关键要看家长的表现了。你给他输入的是什么?你希望他变成什么样,那你有没有花心思、花时间训练他?用更好的内容去占据和填充他们大脑的脑细胞,这才是最有效的方法,而且这个事不难,因为他们的大脑本来就喜欢学习和思考。

## 6 先解决对成绩影响最大的因素
## ——自我效能感

如果你家孩子的成绩已经下降了,该怎么办?

有办法,先不急,请冷静。

为什么我推荐小学一、二年级的家长就应该开始读这本书?虽然那个时候孩子的身体还没有明显的高速发育,但其实他们的大脑已经悄然开始高速发育了。家长越早开始学习,越能理解自己应该做好哪些工作,以保证孩子们从一开始就身处正轨之中。

我们现在就来分解一下影响成绩的几项重要因素。

**第一个也是最重要的影响因素,是孩子的自我效能感。**

如果家长从孩子还小的时候,就有意识地进行高质量陪伴和输入,那么孩子的大脑在成长过程中就会被大量优质内容所训练,形成优质的神经元连接。他们会体会到学习的乐趣,会觉得自己很棒,有能力解决问题并不断学习新的知识,有自信成为同龄人中优秀的孩子。一个普遍存在的规律就是，成绩好的学生更容易保持好成绩，所以在影响成绩的几项因素当中，最重要的一项是孩子的自我效能感。简单地说，**自我效能感就是"我觉得我可以，一定行"**，不是喊口号，是打心眼儿里真心相信自己能够完成任务，能够规划好自己的学习，能够付出努力就取得好成绩。这样的一种自信心就是自我效能感。

自我效能感强的学生因为向好，所以能够自觉主动地完成学习任务（甚至超额完成学习任务），能够自行设定目标和计划，并严格要求自己去努力执行，成绩自然也会比较好。俗话说，给父母学习的孩子不长久，给自己学习的孩子才厉害。

自我效能感要从小开始培养，不是一朝一夕的事情。

从小学一年级开始，家长就要做到四件事。

**第一件事，家长要告诉孩子上课听讲是必须的，是优秀的表现。**

上课听讲既是高级要求，又是底线要求，是必须教会孩子的规则。之所以是高级要求，是因为孩子小时候的学习，听讲比阅读的效率更高，能够把老师讲的内容全部理解和掌握，成绩就不会差。而更严厉的底线要求的意思就是，**"如果你不听讲，就是你做错事，违反了基本规则"**。这种对孩子自控力和规则意识的训练比起学习成绩其实更重要。

有些孩子可能会给自己开脱,"我都会了,我听老师说第一句,后面一百句我都不用听了,我已经懂了,我课外都学过了。"对不起,即使这是事实,也只是阶段性的事实,未来会带来崩塌级的灾难。如果家长不进行制止和纠正,时间久了会养成孩子的自大心理和厌恶情绪,与课堂学习的心理距离就会日渐加大,直到无法挽回。假设孩子掌握的程度真的暂时高于课堂教学内容,可以鼓励他们积极发言,回答问题、思考问题,甚至给老师"挑错",等等。

**第二件事,家长要明确要求孩子必须完成作业。**

无论是要写完的"硬作业",还是阅读、实验、参加活动等这种"软作业",只要老师有要求要提交,家长就一定要明确地告诉孩子,完成作业是必须的事情。不但如此,还要让他们感受到这个事情对他们来说并不难,不是一个需要咬牙坚持、忍受疼痛的难熬过程。

为什么不会给孩子造成痛苦呢?

因为国家制订的教学大纲和计划,符合人的生长规律和能力级别。老师们不会让孩子40斤的身子去挑800斤的米,留作业都是有计划、有目的、循序渐进的。小学留少一点,初中留多一点,高中可以展开奋战,这都是符合大脑生长和应用规律的。所以,家长不要拿心疼孩子、尊重自由、培养个性这些自以为是的观念去教导孩子,要准确地告诉他们,完成作业是必须的事情。

**第三事件，家长要给孩子推荐优质的课外阅读。**

孩子不会一天 24 小时中除了吃饭、睡觉就都在做作业的，而学龄段孩子做完作业想要一直疯玩也不太合适，总要有读书或者是看电影、看漫画的时间，这种作业和玩之间的空闲时间，就是体现家长高水平、高品位和高智慧的时间，同时也是家长的权力时间和义务时间。

没有错别字，**既是权力，也是义务。**

权力是指，家长有管理孩子的权力，可以提出合理的要求，帮助小朋友管理好时间的用途和效率，并提出一些具体要达到的目标。

义务是指，家长有关心孩子的义务，不能放任不管，只要孩子不闹，自己就可以安心做生意、刷手机、看电视或者喝酒应酬。不管孩子是不负责任的，不花心思、时间的低水平管理，也是不负责任的，没有尽好家长的义务。

家长们要仔细挑选符合孩子们年龄段的内容，让那些好的内容潜移默化地占据他们的大脑，这件事要舍得花时间花心思，也要注意内容和孩子年龄段的匹配度。我曾经犯过一个错误，在我大儿子刚上小学的时候，我就给他看了自己的藏书漫画《七龙珠》。虽然这套漫画的主题是在精神上不断地克服困难、强化训练，从而挑战自我，实现突破，画面也非常精致优美，但因为里面的性格设定、科学训练、情绪表达以及善恶关系等问题，超出了孩子当时能理解的范围，导致孩子有一段时间是"神神叨叨"的,老像漫画里面的人物一样表现狰狞的表情和倔强的观点。好在我发现及时,当时就不让他再继续看了,随后慢慢地帮他调整回来了。

《七龙珠》这套漫画可以等孩子青春期后期再看,比如初中以后有时间可以看,学习里面的人物精神,享受乐趣,挑战自我,不怕敌人,不断克服困难成就更高级的自己。因为这个时候,孩子的大脑皮层发育起来了,大脑中可以装得下比较复杂的道德观和规则,能够理解故事中的不同角度和角色情绪。通过这个案例,用我的亲身教训得出结论,家长要保持学习,了解孩子成长的科学知识,才能挑选对好东西输送给孩子们的大脑。

**第四件事,家长要有控制地满足孩子的游戏需求。**

要满足孩子的需求,因为它客观存在。如果一个孩子在同学那里听到某款游戏,在媒体上看到某款游戏,在网页里被推送了某款游戏,让孩子自己完全不好奇是不现实的。所以,家长不能寄希望于完全隔绝孩子的认知。

但是切记,**家长不能失控**。不是说像发脾气的时候歇斯底里的那种失控,而是**在游戏的问题上决不能失去对孩子的控制**。游戏是特别研究了人类的心理规律之后设计出来的,不管是完成任务的奖励,还是循序渐进的难度,就连最表层的画面音乐节奏等,也都是人类的大脑喜欢的。所以如果不加干涉,大人都会沉迷,更何况没什么自控力的孩子。允许孩子玩儿，让他们体会体会，但不允许孩子沉溺，要学会温柔而坚定地说"不可以"。至于那些已经无法自拔的孩子，会让家长很头疼、很痛苦，甚至严重影响亲子感情和现实生活。细细分辨其成因，会发现都是家长在这件事的管理上失控了，日积月累，孩子深度成瘾，游戏变成孩子逃避现实世界、获得快乐的唯一来源，大脑里再也装不下别的东西了。积重难返，这时候再调整，需要家长付出巨大的耐心和爱心，才有可能从关心的角度把孩子救出来。但是，恕我直言，通常遇到这种问题的家长，是没有能力付出巨大的耐心和爱心来真切地关心孩子的，他们能控制好自己的情绪就算很不错了。如果他们有这样的能力，在孩子早期的日常生活中，就不会对孩子沉溺游戏无能为力。

**假设日常陪伴和言传身教所耗费家长的用心是 100 分的话，那么拯救一个孩子所需要耗费的家长用心至少是三倍以上。**

我告诉大家一个秘密。那些觉得游戏好玩儿但又能不沉溺于游戏的孩子，都有一个共同的特征，**那就是他们都有更看重的东西。**他们心里有家人的笑脸和温暖，因为他们平时交流很顺畅，彼此关心，父母的认可和期待对他们来说是非常开心也非常宝贵的体验。他们心里有其他更有趣的事情，比如充满科技感的编程，情节跌宕起伏的小说，汗流浃背的锻炼，扣人心弦的体育比赛，都能开阔眼界、提升思维，令他们回味无穷。他们心里还有着对自己的期待——能够取得很好的成绩，能够认识同样优秀的新朋友，能给同学们表演话剧，能够在运动会上取得名次，能够阅读英文新闻，能和小伙伴一起打赢比赛，在家里能自己动手做一道可口饭菜，生活里有趣的事情简直太多了！

悄悄告诉大家，**读书和锻炼是两类成本最低，且不论家庭条件如何都能参与的有趣的事**。而且，每读一本书，每认真锻炼一次，都会给身体和大脑以很好的积累，人会变得越来越优秀。

也要告诉大家另外一件事，**如果生活里这些事情家长都不觉得有趣，那么孩子注定会偏向相反的方向。**

现在，我们可以清晰定义什么叫**有控制地满足了**。

**可以允许他玩儿，但一定要控制好时间，双方约定。**

**可以允许他玩儿，但一定只能是点缀和调剂，非主流。** 纯粹的游戏时间属于消耗性时间，虽然短时间快乐了，但除了这个短暂的快乐和放松，对大脑来说并没有任何积累和收益。所以，要么是前面有个高压力的事情，用游戏来放松；要么是游戏放松之后，要跟着做一件有意义的事情，无论是学习、阅读、体育、艺术，还是亲子聊天、户外游玩，都可以。不需要强调是"你做了正经事，所以奖励你玩游戏"，也不是"因为刚才玩了游戏，所以必须做这样的正经事来交换"。<u>不是交换，</u>

而是生活里本来就应该有这些健康的事情,它们是主体,游戏是点缀。这个暗中的分寸,要家长控制好,一定要有"后手棋"和替代品,即如果孩子对游戏投入过多,用什么更优、更有趣的东西来替换。

**最好是和孩子一起玩儿**。他会喜欢玩游戏的感觉,但他会更喜欢和家长一起玩的感觉,荣辱与共,平等交流,情绪共鸣,无形之中形成亲密的信任关系。

最后,日日月月,要通过不断地重复和耳濡目染,清楚地传达给孩子并达成一致:**如果因为玩游戏而耽误了其他正经事,是错的**。有了这个约定的价值观并据此执行,孩子的价值观也会自然有序。

其实,这些都是自然而然的事情,也是人世间正常的状态,不需要像我们上面几段文字这样凝重,也没有那么困难。只有极少数孩子才会沉溺在游戏中不能自拔,如果他的大脑中还有父母的关爱,还有知识的愉悦,还有自己的愿望,他根本就无须家长费力来帮助,就会自己寻找适当的时间比例来玩游戏。

其他成瘾性的内容,大抵相同,不再赘述。

**一句话总结**:要让孩子们渐渐积累信心,直到自己相信自己是个好学生,此后将是一马平川。

# 7 舍不得自己,"套"不着好孩子
## ——深度参与,优化环境

**第二个影响成绩的主要因素是家长的认可、鼓励和积极参与。**

有一些父母是自由放养派,另有一些父母则是要强重压派。后者自己特别要强,生怕孩子跌倒在起跑线上,所以从一开始就给孩子加压。他们不是因为遵守规则来要求孩子,而是为了让孩子能够赢,能够淘汰别人。他们会因为孩子们作业少而加量,把孩子时间安排满是他们唯一满意的标准。孩子只要有 5 分钟、10 分钟的空闲,这类家长心里就开始不安——"你该去读英语了""你该去学作业了""你该去做口算了",等等。

在他们的价值体系里,孩子们是不是快乐、爱不爱写作业、喜不喜欢学习的过程,这些事都是不重要的。甚至这些家长在心里经常会想,谁还没个年轻的时候?我当初就是这么拼出来的！

所以当小朋友作业写得不工整的时候，他们会反复要求孩子重写；当孩子成绩不够好的时候，他们会歇斯底里地批评指责。这种做法的结果就是，让孩子们打心眼里讨厌学习和做作业。家长不管的那一天，就是孩子崩溃的那一天，甚至有些孩子会提早崩溃。

那么家长应该怎么做呢？

不论是孩子还是成年人，每一个人之所以能做好一件事，都一定离不开三个基础条件："我愿意"+"我可以"+"我有成就感"，在心理学上称之为**自主感+能力感+关爱感**。在孩子还不成熟的时候，最后一项关爱感特别指向的就是父母的支持和认可。

**不断地要求会毁掉孩子的自主感，不断地批评和否定会毁掉孩子的能力感，没有参与、没有关心、只有斥责，会让孩子找不到学习的意义**。如此，不可能好。

其实，正确的做法特别简单。

第一件事，在孩子表现出努力、坚持，并取得好成绩的时候，给予赞赏和认可，大家一起开心，其乐融融。

第二件事，在孩子表现出懈怠、退缩，或者成绩不好的时候，给予批评、分析，以及帮助和鼓励。告诉孩子：错误要改，态度要端正，学习没有那么难，也没有多可怕，我们一起改进，共同面对。

第三件事，在孩子面临困惑，或者产生兴趣的时候，加深参与度，和他们一起讨论，一起做题，一起学习，成为他们的领路人和好伙伴。

**认可，会帮助孩子产生自主感。**

设想一下，如果孩子取得了99分的好成绩，父母不但不认可，反而还发脾气，"还有一分怎么丢的？为什么会丢？怎么回事儿！每天教你这么苦，为什么不能考100分？！"如果孩子努力考了99分还会挨打挨罚，那么就必然会减少孩子们的自主感，他们会觉得"我在给爸妈学习，这不是我自己的事儿"。换个角度想想，如果你谈下来一个特别棒的项目，合同价值500万，老板却发飙了，一拍桌子骂你一顿，"才500万，你看看上个月张三谈下来的合同，足足620万，到你这为什么就只有500万，你是不是能力不行？"他这么说，你会不会难过？是不是谈项目的乐趣就逐渐没有了？

**批评能够帮助孩子改正错误，鼓励能够帮助孩子建立信心，激发能力感。**

遇到挫折或者不顺利，首先当然要客观接受这个结果，父母要帮助孩子分析其中的问题，并改正已知的错误。每个人的内心都是向好的，知道了更好的、更优的，就自然愿意改进自己原来的不足。

鼓励，在遇到挫折的时候更为有效，但鼓励不是说"你挺好的"，而是要说"你应该能学会，应该能做对，下次你一定能做得更好"，这样才能帮助孩子建立自己的能力感。

**家长深度参与和认真对待，会让孩子产生强烈的幸福感和关爱感。**

积极交流是特别好的参与方法。家长要允许、鼓励和欢迎孩子们表达自己的感受和想法，这种交流是非常珍贵的。父母可以借这些交流的机会，把更优的知识和智慧传达给孩子们，也可以探知他们的真实水平和心思，是一举两得的事情。当然，难免也会有争辩的时候，家长要允许孩子们比父母知道得多，要允许他们"赢"，要允许他们"更正确"。有些家长会担心如果承认自己错了、输了，会在孩子面前很没面子。其实，"让棋"是非常高级的策略，认错更是高级的品质。如果真的有错不认，那在孩子眼中才是真没面子，会让孩子看不起。

简单地讲，培养孩子的良好心态和学习习惯，其实秘诀就一个字——"泡"，还得是向下兼容地"泡"，进退有度地"泡"。舍不得自己，"套"不着好孩子。

**第三个影响成绩的主要因素，是同伴和学习环境的影响。**

心理学家做过专题研究，结论很清晰，如果孩子周围的人都注重成绩，那么孩子普遍成绩好，反之就不会重视学习，甚至觉得只有不学习才够酷。这就是我们说的"近朱者赤，近墨者黑"，"孟母三迁"不就是为了找一个爱学习的邻居吗？

如果班里同学都爱学习、讲礼貌、有教养，就还好。但假设极端一点，如果班里同学都不学习、没秩序，小小年纪天天在一起打架、喝酒、抽烟，那小朋友想不学坏都会困难重重。做家长的也一样，自己的一言一行都被孩子看在眼中。

心理学家的研究表明，15 岁前开始喝酒的人，成瘾和酗酒的可能性是 21 岁以后才开始喝酒的人的 5 倍。20 岁之前，千万不要让孩子沾染酒精和香烟，因为他们的身体和大脑还在发育，这时候烟、酒的毒害会对他们造成严重伤害。

生活习惯的培养和监管都是家长应该做好的事情，而不应该仅仅关注成绩。

**另外，学校的环境和师资条件也是对孩子重要的影响因素。**

校园硬件好，管理水平高，老师擅长教学，同学追求优秀，这种积极的影响显然是非常重要的。

以上所有影响因素里，最重要的是培养孩子的自我效能感，以及家长对孩子们的认可、鼓励和认真参与。同时，也要在条件允许的情况下，给孩子们创造好的大环境。

## 8 总结：如何让孩子的好成绩水到渠成？
## ——三个层次的家长执行标准

如果希望孩子们学习成绩好，家长要遵照以下三个层次的标准，好成绩就是水到渠成的结果。

第一层标准是基线水平，从孩子小时候开始，家长就明确和孩子达成一致，要做到按时上学，专心听讲，认真完成作业，遵守学校的基本规则。如果连这种最基础的要求都做不到，就不要奢望孩子取得好的成绩了。事实上，大量数据可以证明，如果一个孩子能在小学阶段始终做到上述要求，成绩不会差。不知不觉之间，成绩区分就产生于这么基础的标准之中。

第二层标准是提高版，主要对家长提出挑战。家长要参与孩子的学习过程，用好的知识、思维和有趣的高质量内容输入孩子们的头脑。家长要积极给予认可，出现问题要及时给出分析和鼓励，不做甩手掌柜，暗中帮助孩子们建立信心。

例如，做完作业给认可，考试结束参与分析和督促，日常课余时间还可以培养孩子们的一些高级的能力，如培养计划性、研究性、索引、搜集资料、课外阅读和思考，等等。

第三层标准不强求，量力而行。父母的教养风格以及社会经济地位，还有家庭提供的环境质量，是影响孩子们学习成绩的重要因素之一，但是千万不要狭隘地误会为资产或者是官职。只有在有心、有爱的情况下，辅以经济支持和好的资源，才能够为孩子的成长锦上添花。

重中之重，我们最后总结一句话，要想孩子有好成绩，只有一个办法，那就是要父母花时间、花心思，潜移默化地训练他们的大脑，让好的东西占领他们的大脑，让孩子们深深地相信自己就是好孩子。等他们到青春期中后期，皮层发育成熟了，价值观建立了，自控能力也强了，你就可以抱着舒适的心态，坐看云卷云舒。

# 第六章 狂热追星，追求自己的特立独行

家长和孩子喜欢的文化产品不一样，代际差异的确是一项非常重要的因素，同时还存在另外一个更客观的因素——头脑和身体的生理差异。

年轻人喜欢的东西基本上都有三个典型特征：有情绪、有力量、有个性。这个表面现象背后真实的成因是他们高速发育的大脑和身体机能。

# 1 怎么会喜欢一些"乱七八糟"的音乐?
## ——代际审美差异

经常有家长和我抱怨说,"姜老师,我们家孩子才上小学六年级,就开始听一些乱七八糟的东西,什么青少年组合、偶像团体、这乐那乐的。我一听吓一跳,要么没节奏、没音准、没文化,要么都是些教唆孩子们犯错的内容。还有那些短视频,什么'鸡你太美''闪电五连鞭',孩子们特别上瘾,天天看,天天模仿,这样下去孩子们不都变傻了吗?我的宝宝怎么会变成什么样子?"

这些话背后,其实隐藏着一个美好的宝宝形象在父母的心里,也就是原来那一个听话、乖巧、可爱的宝宝,特别喜欢看动画片,喜欢听童谣的宝宝。结果,现在"宝宝"不见了,也不乖巧可爱了,再加上有些新时代的流行文化的确不入家长法眼,就形成了带有鄙视的焦虑。

但恕我直言,如果你有这种焦虑甚至是怨恨的话,说明心态"病"得不轻。先别着急管孩子，第一要务是立刻调整自己的状态。不是孩子们走歪了，而是你的惯性太大，还没明白自己已经偏离了孩子们正常的成长路线。

当然，不是所有家长的情绪和反对意见都会这么严重，更多的家长是轻蔑和鄙视，他们心里面的台词大概就是，"这都听的什么玩意儿？"露出一脸的鄙夷。

的确，客观地讲，也许孩子们喜欢的有些东西的确不是特别高级，无论是从文化艺术含量，还是从技术精致程度，因为家长这个年龄的群体见过更多好东西，所以现在是可以居高临下地否定孩子们的爱好。但是懂得多、品位高级难道仅仅是用来自我标榜的吗？我们的教育目标是什么？不是为了把孩子教得更好，引导他们学到更加丰富的好东西吗？

那么，收起轻蔑、不解、怨气，现在请代入到孩子的角度，**重新感受一下这件事情。**

假设你现在就是一个身体特别棒的青春期孩子，每天觉得精力无限，大脑的功能也特别发达。学校放学一回来，姥姥、姥爷播放着音乐《泥娃娃》的童谣，眉开眼笑地欢迎你。这些宝宝时期常听的歌曲和家人的宠爱在过去十几年是如此温暖和安心，但此刻却有些尴尬，甚至自己都觉得有点幼稚。相比之下，在学校里同学们都变得酷酷的了，每天交流自己正在看的新书、听的音乐、看的电影、玩的科技产品等，没有人会再听童谣和看儿童动画片。而且，自己此刻的大脑存储量和算力都超级强,过去储存的那点知识量和爱好显得非常不足。第一次听到青年人喜爱的摇滚乐或者说唱的歌词和旋律时,真的有发自身心的震撼,大脑产生了强烈的共振,甚至会起一身鸡皮疙瘩。更不用讲那些节奏的强烈和情绪的释放,简直就是按需定制的好东西。再把这些好东西在同学面前一讲,是不是特别有面子?

上面的这些感受是非常真实的个人经历,相信很多家长在年轻的时候也都有过。我是在 16 岁的时候听到了黑豹乐队和唐朝乐队,非常喜欢。20 岁的时候听到了林肯公园的音乐,当时真的是血管都在微微颤动,惊为天人,自此之后每天循环。

但是,如果把这些真心的音乐爱好(尽管可能不完美)跟爸爸妈妈一交流,他们却是一脸鄙夷地否定掉,你会有什么感受?

你会立刻调头跟上爸妈的爱好,还是觉得他们老土,更加执着地喜爱自己的东西?

如果不是父母和孩子的关系,而是老板和员工的关系,可能会帮助更多顽固的家长理解这种感受。当你的老板站在你办公桌前突然出现,敲打你说"行了,你不要再看什么《红楼梦》、美学、莫言、乔布斯了,有什么用?赶紧工作,看看《程序员的 100 条算法总结》,或者是《下级的美德:服从和执行》,赶紧的!"

请问，你的心理感受是什么？

讲到这里，相信很多家长已经平和了心态，可以做到换位思考，体会孩子们的感受了。这种现象背后的科学道理也比较容易理解。

**产生这种认知差异的一个客观原因是代际审美差异。**

# 2 你们争论的也许都不是同一个东西
## ——不做恶人

所谓的流行审美其实是一种社会认知,每个人的审美观都会受到当时所处社会审美观的极大影响。现在的孩子们喜欢的偶像长得好看,流量又高,网络上全是他们的热搜话题。但是很多家长可能会觉得这些人没有真正的艺术功底,除了长得好看(很有可能还是化妆的结果)没有什么优点值得被喜爱。

但是,其实每一代也许都有过对颜值的崇拜,都不会计较年轻偶像的音准、节奏和情感。因为年轻人本来也不懂音乐的讲究或者演技的深刻,靓丽的颜值就是他们最大的仰慕。

如果从艺术水平的角度讲,可能有些明星没有办法达到艺术家的水准,但孩子们就是喜欢。家长无论如何挑剔和不满,但客观上的确跟不上孩子们喜欢的流行文化,从孩子的角度就会得出结论是家长"落伍"了,恰如在我们眼里,老一辈喜爱艺术含量满分的京剧而看不上流行音乐也是"落伍",一模一样。

孩子们之间之所以盛行流行文化,除了这些文化产品本身的节奏、旋律、舞蹈、服装、颜值之外,还有一条看不见但非常重要的作用,那就是融入同龄群体进行丰富的信息交流,这是重要的社交训练,也是他们向成年人迈出的重要一步,因为他们的大脑包容性增强了很多。不合群的孩子会被同龄人所排斥,就像回到30年前,如果你像父辈们那样只听一些老歌的话,那么可能早就被当时的同龄人所嫌弃和排斥了。

家长们不必恐慌,也不必不屑,其实最简单的应对策略就是**"不做恶人"**。就算心里真的看不上,也不要去随意否定、打压、禁止孩子们有自己的喜好,只要做到心里有数,护着孩子别走歪就好。因为,你们所争论的也许根本不是同一个东西,根本不应该争起来。

## 3 爱恨分明,"我酷故我在"
### ——人格独立化阶段

家长和孩子喜欢的文化产品不一样,代际差异的确是一项非常重要的因素,同时还存在另外一个更客观的因素——大脑和身体的生理差异。

年轻人喜欢的东西基本上都有三个典型特征:有情绪、有力量、有个性。这个表面现象背后真实的成因是他们高速发育的大脑和身体机能。

他们之所以喜欢充满情绪表达的作品,是因为他们的大脑额叶发育还不完全。一方面身体里激素水平高,另一方面接受的刺激信息很多,他们的杏仁核已经比较成熟了,容易对外界信息给出反应并产生情绪,同时又没有成熟的额叶来进行管理和协调,所以他们会很需要、也很喜欢情绪化的作品来满足大脑中的那股原始欲望。额叶皮层是人类大脑最后成熟的区域,负责协调情绪反应,管理动机、冲动和成瘾,还负责逻辑思维和抽象思维。所以，当人们经过了青春期之后，就会冷静很多，能处理更复杂的事物，能更加平和地面对这个世界。30岁以后的人可以学会享受非常优雅的文艺作品，而十几岁的年轻人更偏爱激烈的情绪化内容，秘密就在于这里。

他们之所以喜欢充满力量感的作品，比如强劲的节奏、超快的速度、冲击力和竞争性很强的东西，就是因为他们身体里的激素水平很高，运动能力很强，自我感觉是充满能量的，所以他们自然看不上那些平缓的节奏，不喜欢那些温文尔雅的风格，不喜欢那些深奥的、不着痕迹的、微妙的变化，原因就是不够刺激。而且，像《花样年华》里张曼玉角色的旗袍慢动作镜头一样，它们所表现出来深沉的、复杂的味道，只有在现实生活中经历过复杂的事情，体会过复杂的感受，才能品尝出其中的苦涩酸甜并暗自享受。对于年轻人来讲，他们的天地广阔，每天都是阳光明媚和清风拂面的新鲜事，哪有那么多深沉和幽暗？

他们之所以喜欢酷酷的、叛逆的风格，是因为他们此刻恰好处在这个"人格独立化"的成长阶段。宝宝阶段的人格只属于爸妈，成年后的人格属于整个社会，他们现在半生不熟，比较尴尬，刚刚学会了人格属于自己，还没成熟到学会人格与他人建立关联。所以，这个年龄段的孩子会认为自己是独一无二的，会追求自己的特立独行而力争与众不同，会崇拜那些昂起头仰着下巴谁都不服的做派,会希望自己在别人的眼中也是这么酷、这么"拽","哇!他真的和别人不一样啊!"甚至某些幻想出来的本领强大到其他人难以望其项背。

回想一下我们这一代人的过去,20世纪70年代到80年代生人,青春期大概是在90年代,那时的男孩子喜欢香港功夫片、欧美摇滚乐,很多女孩子喜欢琼瑶的恋爱小说和激情表达方式。以我们现在的年龄和审美,对那些打打杀杀、大吼大叫,那些死去活来没有任何理由的爱,还会觉得有意思吗?但是当时就是痴迷得不得了。因为,彼时和此时,我们的大脑状态不一样。

对于大部分青春期孩子而言,他们的大脑结构还不支持他们喜欢深度阅读和复杂逻辑的快感,更容易接受的就是鲜亮的颜色、简单的人物角色设定、快捷的节奏、黑白分明、爱恨鲜明的这种内容,即使没有合理的逻辑也没关系,因为大脑更关注强烈而简单的刺激,比如酷炫的外表和桀骜不驯的个性。

家长没有办法单方面的努力来杜绝孩子们接触到这样的作品。**有需求就会有供给**,市场上从来不缺针对青少年的产品。美国漫威系列的超级英雄,什么机械战甲,什么正邪大战,都是此类。

等他们度过了青春期,自然会回归正常认知,知道自己不过是平凡的一员，但也有独特之处。他们会选择更冷静地审视自己的爱好，爱得更精致。等他们到了 30 岁以后，大概率也会不再喜欢喧闹的、折腾的、情绪化的、自以为是的文化作品，而是开始欣赏经典，崇尚技艺和美学的享受。等他们到了 50 岁以后，也许就能听得进去那些咿咿呀呀的曲折唱腔和缓慢的对白，甚至爱上古老而深沉的弦鼓之声。

那么作为家长怎么办呢？

除了上一篇里的"不做恶人"之外，我们再提四个字的建议——**深度参与**。这些青春期阶段的主观感受当然是不成熟的，但也是每个人必须经历的阶段，并不可笑。家长要做到接受，不要进行打击和否定，而且要深度参与其中，力求帮助他们见更多好东西，带领他们走出这段尴尬的"妄念"期，走向更丰富的世界。

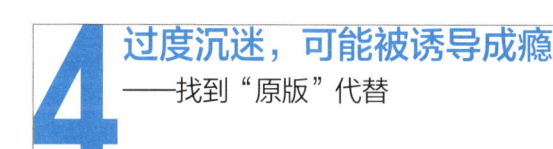

## 4 过度沉迷，可能被诱导成瘾
## ——找到"原版"代替

青春期的孩子在沉迷短视频、某些主题动漫、互联网恶搞作品和带有涉嫌犯罪内容的歌曲后，会严重影响审美能力，被诱导成瘾甚至犯罪，干扰正常的学习和生活。对于这样的恶性现象，家长的确要做好防范和保护措施，不能视若无睹，坐以待毙。

曾经有一个五年级的小朋友沉迷于某站恶搞短视频，同样一个主角一个风格的各种二次加工，竟然会让他在上网课的时候没完没了地看，不厌其烦，从网页浏览的历史记录来看几乎就没有停过。当他的父母发现之后，先是很生气，然后是很困惑，这种只有恶趣味而毫无美感可言的内容，怎么能让现在的孩子如此着迷呢？

愚蠢的恶搞，或者针对愚蠢的讽刺性恶搞，当然比一般的知识性课堂更有吸引力，因为它们能激发观看者更强烈的优越感，当然还有这个年龄会喜欢的好笑，这些都是课堂和知识学习不能带来的原始快乐。其实，大多数成年人也差不多。

还有很多小孩会玩网页端的小游戏，内容大概就是两个卡通角色聊天和行动选择，或者毫无思维的打打杀杀之类的，家长们也会觉得不可思议——"这样幼稚的东西有什么好玩儿的？"——却已经忘记自己是小孩儿的时候也曾经迷恋过。

遇到类似家长觉得"低级"的状况，究竟如何"深度参与"才能改善呢？

遇到流行音乐或者影视剧的"低级"，通用的方法就是**找到原版**。

几乎所有的低级作品，都是因为相关人员能力不足或者懒惰而去模仿了某些成功的经典。唱跳作品的典范有40年前的迈克尔·杰克逊，团体作品的经典有20年前韩国组合的示范，很多爆火的流行金曲旋律、风格甚至舞台设计，也都能找到相应的"原版"。影视作品的剧情、角色甚至用镜，也都大体如此。有了原版的"照妖镜"，高下立见，孩子们自然也就会减退对那些"低级"作品的兴趣，转向更高级的内容。在他们心中，父母是高水平的先行者，拥有很通透的认知，是值得学习和信任的"自己人"。当然，有的家长会担心自己没有能力找到原版作品，毕竟自己不可能什么都懂。一方面可以通过互联网上懂行的人来帮助提高寻找效率，另一方面，搜索工具和兴趣社区也能帮到很大的忙，不用自己从零开始进行摸索。

同样，如果你对孩子们喜欢的游戏不认可，那么就必须给他提供高级的游戏。假如你认为网页版的游戏太粗糙，那么就可以用VR游戏或者体感游戏来进行替代，买一个专业的游戏机，把画面投放在电视上，教孩子一起玩儿。通常，优秀的游戏不光是操作复杂，而是拥有非常好的美术、音乐、动画和策略算法，这些都是人类文明的先进代表，可以用来替代孩子们沉迷的东西。而且，孩子们会觉得，好高级！我的爸妈好棒、好酷！

同时，大型的高端游戏因为需要动脑筋，需要复杂操控，难度也会控制在适当挡位，其实并不容易造成孩子的成瘾性。孩子们见过好的制作，见过复杂的策略和快乐，不会天天沉迷在此，且想要玩一局也不像手机或者PC那么方便。如果是那种纯体力的VR游戏或者动捕游戏，比如网球、拳击，孩子们坚持15分钟也就累了，还能获得健康和快乐。

**用好的替代差的，这是唯一健康的方法。**

## 5 总结：如何正确引导孩子对流行文化的审美？
——深度参与，用好的替代差的

无论具体操作是什么，家长需要做到的核心要点是，花点心思明白孩子所沉迷的那些东西究竟是什么，优点和缺点分别是什么，这就是深度参与。

如果家长担心孩子们看到的是不好的内容，会造成品格缺失，那就放低身段积极参与，在这些新的流行文化产品面前做好一个初学者，把孩子们当作有经验的"大师兄"，投入进去一探究竟，也好有理有据地进行提醒和引导，让孩子从差的内容里走出来。

你可以提出不同的意见，但在非原则问题上要注意是商量而不是命令，要尊重孩子们的感受，尽管有的时候他们会表达出对你的不认同，甚至是反驳不屑。请记住，他们的大脑是鲜活的，你提供的信息其实已经进入到他们的大脑内部了，而且他们处理得过来，只不过是惯性的不认同和反驳而已。他们会去思考你刚刚进行的输入,所以这种讨论和思辨其实是非常好的信息植入时机,不但能植入你的观点,而且还能够植入你的审美品质,以及你去思辨这件事情的思路。孩子们的大脑会在无形当中默默地汲取更多的养分,让自己变得更加聪明,更加强大。

如果发现孩子们喜欢的内容是健康的,无须矫正,那么一起感受里面的内容,多交流,多共鸣,表达出对他们喜爱内容的尊重和认可,这是多么难得的亲子活动,既享受了天伦之乐,又让孩子对你刮目相看,钦佩有加。

# 第七章 别较劲，叛逆的孩子只是在挣扎中寻找正确

孩子进入青春期之后，有一定比例的家长会感觉孩子很叛逆。如果说起来谁家孩子不叛逆，跟家长关系特别亲，那简直是一件幸福到值得炫耀的事。现实生活中，青春期孩子叛逆的状况并不少见，从家长的角度，他们叛逆的表现基本上是以下三种：

第一，**不听话不服从**，明明给出的指令是正确的，但孩子就是不照办。

第二，**态度不好**，对父母轻则不搭理、不耐烦，重则态度恶劣敢回嘴。

第三，**自以为是、不虚心**，不能接受批评和建议，不撞南墙不回头。

但是，关于叛逆这件事情的另外一面——孩子们会有什么具体感受，却一直很少有人描述，因为他们很少会说自己是叛逆的，而且他们大多觉得是家长不理解他们，管教方式不合理，甚至在他们的理解体系中，有些家长动不动就着急发脾气——"那么一点小事，至于吗？"

# 1 叛逆，只是因为想长大
## ——憋屈背后的真相

孩子们其实挺难的。

一旦进入青春期，孩子们不但骨骼、肌肉、神经系统高速发育，心理上也产生了非常重大的变化。

在过去，比如农耕文明或者游牧文明时代，新一拨的小孩儿一旦达到了生理成熟的年龄，基本上就算是成年人了。孩子们到了十三四岁就要参加劳动，去种田、放羊、放牛，或者套马、参军打仗，大人干什么，他们就干什么，他们身体的成熟和接受成人社会角色的时间是同步的。

当时的社会劳动是相对简单的，因为**更多**是体力劳动，即使需要技能，也是涵盖在体力劳动里的个人化技能，不是社会化大生产的专业化、知识化分工。所以，当时的社会对**成人角色**的要求并不包括长时间的专业知识教育，能干活儿就是大人了！

现代社会则不一样，青春期后期的孩子们虽然生理上已经成熟了，但教育水平刚刚进入高中，从知识储备来讲还远远不能满足社会的需求，心理储备更是不够。

社会化大生产的分工协作模式决定了两件事。

第一，每个人要有差不多的基础知识，才可能接受更细分的专业教育，有了专业知识才有可能获得工作机会。

第二，每个人的工作都要和别人合作，不但要懂知识，还要懂规矩、会社交，否则没法交流。不能和别人合作的人，很难有工作机会。

所以，孩子们如果脑子里面没有这些东西，就没有办法做一个成年人。身体是成熟的，大脑是幼稚的，在过去种田、放马足够了，但现在，想要在公司里上班，在政府里工作，想要自己去做生意，或者是当艺人，没文化是不行的。这种差异会导致孩子们有一段挺长的时间处于挣扎的痛苦状态。他们自己也不懂这道理，不知道自己为什么老是觉得憋屈。

其实，家长可能也从来没有想过这些孩子**憋屈背后的真相**。

他们这个年龄承担的压力其实比成年人多得多。美国心理学家做过详细的统计，美国青少年受到的规则限制的数量和严苛程度，十倍于成年人，两倍于海军陆战队队员。这两个数字是不是很吓人？如果一个成年人身上的规则和限制突然增多10倍的话，我估计很多成年人会崩溃的。

要注意，这10倍的压力不是纯生理上或纯脑力上的，比如说成年人做50个俯卧撑，孩子们就得做500个，或者成年人一天看100页书，孩子们就要看1000页。不是这个意思，而是约束他们的规则的数量。

作为经济独立的成年人，大致有哪些规则压在肩上呢？

年迈父母的很弱的管束，单位的KPI和领导管理或者经济压力，同事之间平等的合作（大家都懂得要合作，极少数情况会有排挤和陷害），孩子的教育客观上有压力（但主观上的大多数情况是家长要求孩子）。

孩子们要完全接受父母的全方位管束（至少他们觉得是这样），要接受教师的100%管理和评估，要接受完全平等的同学的审视（可能被接受也可能被排挤），要同时学习7门以上完全不同的学科课程，要定期和数百名到数万名不等的同龄人进行成绩的竞争，要全面训练身体的各种运动能力，要遵守所有成年人应该遵守的法律规则。**从家规到校规，从同学之间的社交规则到类似于考试、道德、法律等社会公共规则，尤其是很多他们想做的事不能自主实现这个相对量，导致他们的确处于规则叠加最多的年龄段。**

对成年人来讲，哪里有压迫，哪里就有反抗。成年人的判断标准已经趋于稳定和封闭，一判定是压迫就决定要反抗。对于孩子来讲，承担的规则那么多，压迫感更多也更强，判断标准又不成熟，很多他们感受到的"压迫"可能将来才会知道其实并不是"压迫",不需要反抗,但眼下的判断标准就是不成熟,必须有个学习和尝试的过程,这也就导致了他们反抗的概率会比成年人更大。

## 2 在孩子眼里,你是正确的强者吗?
### ——亲子认知差异

常规情况下,从家长的角度来看孩子,大部分时候都是居高临下的心态,因为家长的身份、角色、家庭作用、经验和智慧,客观上的确比孩子们要高,所以在心理上可以从高处俯视着看孩子。因此,以下犯上是不可饶恕的行为。

如果孩子这种半大不小的生物竟然敢以弱小不服从强大,错误的不听正确的,幼稚的轻视成熟的,而且还态度恶劣,那么强者可以生气,愤怒地征服他们!

反之,如果一个本领更强大、做事情更合理的人来否定和批评你的想法,比如你的老板当面指出你的不足并提出很多正确的意见,你会有什么感受呢?那肯定要服气啊!即使面子上有点过不去,情绪上不太舒服,但谁让人家说得对呢?不听会怎么样?不听自己会吃亏呗。

好!请家长们现在逆转这个思路。不是老板来批评你,

而是你来批评孩子,这时候,孩子是否会服气的关键问题一下子就变成了两个:

第一,客观上你说的东西是不是更合理?

第二,在孩子眼里,你是更正确的强者吗?

那我要给出的第一条建议,请家长客观上做到更优的强者。

第二条建议,要让孩子主观上认为自己的父母是正确的强者,其实难度更大一点。

现在我们假设家长说的都对,注意这仅仅是假设,现实生活中真的能做到认知和决策比孩子更优的家长占比并不是100%。我们先这样假设,家长是对的,更合理,更优化,更强劲。

那么,接下来的难度其实是难在孩子的认知上。

客观地讲,亲子关系特别好的时候,孩子就是认同家长的,无论从温暖还是从正确的角度,都有天然的信任感。这可并不容易做到,需要数年很高智慧的相处和积累,可不是说点好听的、宠着、腻着就行。这也是为什么我建议孩子一上小学,家长就可以看这本书学习的原因,很多事积累成形了,关键时刻想改也来不及了。

反之,亲子关系特别不好的时候,家长说得再正确也没用,孩子从主观上并不会接受,一是数年的冲突形成的不信任,二是从情绪上也不会"屈从"。

如果是不冷不热的亲子关系，孩子能不能主观上认同家长，受影响条件更多，结果也就更复杂。

突然之间，孩子叛不叛逆的责任，就全都转到了家长身上——你家前面几年亲子关系积累得如何？

## 3 "学习和上班挣钱,哪个更有价值?"
——应对孩子的质疑

有一次,我和我上初二的大儿子产生了一个争论——现在对他来说学习更有价值,还是上班挣钱更有价值?

相信绝大多数家长对这个问题的认知都是一样的,那肯定是上学的年龄就要好好学习,成年之后再去挣钱。然而,孩子却并不认为这个判断是理所应当的正确。

起因是他认为完成学校的作业就够了,课堂上讲的内容都理解,对他来说并不难,所以不愿意再额外做些习题的训练。然而老父亲的经验是,多做题会在考试的时候更加手到擒来,因为知识的本质就是越重复越牢靠,理解是理解了,应用的效率要靠做题来训练提高。但这样的道理在孩子那里就是不太行得通,因为他觉得他已经理解了,考试的时候一定能做出来,不用每天训练。

其实,这个问题的本质是他对时间价值的判断。他认为花大量时间进行训练的性价比太低了,训练 100 个小时的提升效果可能和不训练差不多。总之是觉得自己理解了,作业也做完了,就够了;有这个时间,还不如干点别的,比如编程,或者看书。

讲道理的过程此处略过,我比较艰难地取得了优势,让他接受了多做些题会更有助于提升考场表现的方法论。话题就转移到了他觉得我上班挣钱很有成就感,我也没有用到初中的知识,而他现在每天就是上课、作业、考试、做题,感觉没必要,也可以直接去上班挣钱,那样日子会快乐很多。

看!这就是认知的差异。即使家长能把道理讲得很清楚,他们的理解能力却未必能跟得上,因为他们知道的少,经历的少,很难在自己的大脑中理清楚这么复杂的、未知的事情。

遇到这样的争议,不同的家长有不同的解决方法。有的家长会直接带孩子去参加劳动,去建筑工地当一天小工,用事实来说服孩子(体力劳动的苦难)。有的家长会给孩子看一些专题视频,比如烹饪学校的孩子用沙土练习颠锅的枯燥和辛苦,让他们体会挣钱也并不容易。有些家长会给孩子们讲其他人过早参加工作之后,在关键的竞争期因为文化不足而失去竞争力的事实,说明多学习的重要性。不同的家庭对不同的孩子,可以选择多样性的方式来进行说服教育。最怕的是冷漠地要求、粗暴地命令,以及伤害性地惩罚,完全忽略孩子不理解、心不甘、情不愿的客观事实。

我是用的比对法。我和他同时做了他的题，比他更快更有效。然后让他和我同时读了一段书，把这段书的内容讲出来并录像，用事实说明其实看似简单的工作需要很多积累和储备才能做到。最后给他树立了一个充满期待的目标，那就是将来他可以比我更好，因为他在学生阶段学的内容越扎实，大脑的思维模型就越优秀，能登上的平台和遇到的人群就更优秀，将来在自己的人生节点可以选择的方向就更多、更好。反之，学得少就意味着没什么选择权，只能被社会选择或抛弃。连实证带逻辑，总算让他接受了我的建议。

整个过程中我可以理解他的情绪，也控制着我的情绪，念叨着不跟不懂事的孩子计较，还要念叨着争取让他懂事，因为孩子到底是向好的。

果然，经过两个月的训练之后，他在下一次考试的时候取得了很明显的进步，做题的感受也轻松很多，自信很多。尝到了甜头之后，他终于达成了理论上的认知与实践中的结果统一，这个做题的训练就成为了他自己的方法。关于学习和工作的争论也不再存在分歧，而自然而然地变成了短期目标和长期目标的优质组合。

老父亲很欣慰。

# 4 挑战家长，只是孩子寻找正确的方法之一
## ——规则不同步

青春期的孩子，以 12 岁为例，大脑思考问题的合理性能打几分呢？如果像历史上那些取得了伟大胜利的英雄那样的绝对正确是 10 分，像完全愚蠢被骗的糊涂蛋那样是 0 分，那么青春期的孩子大脑的判断能力大概在 5 分左右。

是的，真的只有这么一点可怜的分数，他们做不到全懂和全对。

顺便说一句，在这个打分体系里，家长通常在 7—8 分左右。

孩子们还是宝宝的时候，可以认为接近 0 分，因为他们很小，没有自己的思维，几乎所有的"正确"都来自家长的教育和老师的灌溉。当他们进入青春期这个重要的发展阶段时，会突然理解很多内容（因为具备了增强版的逻辑思维能力），同时也会受到很多信息输入的干扰。他们没有经历真

刀真枪的磨砺，所以无从知道事情的复杂性。他们会产生非常多的新认知，既有对的也有错的。很多在家长眼里看来明明一清二楚的事情，他们可能无从判断，包括科学知识、人际关系、道德准则和政治观点，等等。这就特别容易让家长上火，"明明这么简单，你这么不服不忿的，到底要干吗？"

但听我一句劝，家长一定要接受这个只有"5分"的事实。

家长今天的所有智慧和判断能力，都是经年累月用时间换来的正确和高级。孩子们此时此刻真的没办法做到同等水平，也没办法做到言听计从。如果真的言听计从，说明他们的大脑思维太过单一，是值得担心的。孩子们不是变坏了才叛逆，只不过是他们的思路刚刚开始打开，处理不过来对他们而言繁杂且汹涌的信息流，没有办法和家长的成熟有致做到高效同步。

家长需要陪着孩子一起经历这个从"0分的宝宝"向满分的英雄过渡的阶段，不光是忍着性子陪伴，还应该积极期待着他们的"不服气"，因为这个时期的孩子想法越多，说明大脑神经元越活跃，然后你再用高级的智慧一修剪，孩子那颗崭新的高质量大脑就这么打造出来了——硬件好，软件也好。

家长需要的是**包得住，拎得清**。

有些家长主要是受不了孩子的态度：明明啥也不行，为啥还那么倔？还特别目中无人？这种无知又自大的心态绝不能容忍！

的确，弱者没有资格挑战强者，错误的观点没有资格质疑正确的观点，这完全没错，但这些"没有资格"的规则只适用于平等竞争的陌生人。面对孩子，家长不光是一个竞争者的角色，还应该再高维一点，**做好一个教练兼陪跑者的角色**。教练的使命不是处处比运动员强，而是要指导运动员，把他们训练得比自己更厉害。客观上，孩子们并不具备那么多的知识、规则以及行为的合理性，有的时候的确是不顾事实、不讲道理的，那么他们在不听话、不服从、瞎折腾的时候，究竟要干吗？仅仅是为了用错误挑战正确的权威吗？

相信我，孩子们没有这么笨。

**他们只是在寻找正确，试图挑战家长只是寻找的方法之一，最终目的是让自己变强大。**

当然，用冷漠或压制训练出来的孩子，叛逆可能只是为了逃避。

必然，用温暖和智慧熏陶出来的孩子，不必叛逆也可以开心地找到正确。

## 5 孩子的决策系统是一座敏感的天平
——抓大放小

面对孩子频发的"不可理喻"的叛逆表现,我给家长们建议一个好办法,可以精妙地控制好自己的反应。大家可以想象一座天平,这个天平就是孩子们的决策系统。天平本身材质很好,能放好多砝码,但也非常敏感,家长的任务就是保持这个天平的平衡。如果倾斜得太厉害,精密的天平(孩子们的决策系统)就会被损坏。

在这个天平的一端加砝码是给孩子的独立性许可,允许他们自己做决定,鼓励他们大胆尝试、责任自负,以此训练和培养他们变强大、变独立;在另外一端加砝码是为了防止孩子们的不成熟造成过失,给他们减压和约束甚至批评,毕竟他们的决策能力没有那么强,做不到 100 分的自我管理。所以,父母需要花费大量的心思,这一端加一点,那一端加一点,不断精致地加加减减,维持好这座天平的平衡。当这座天平上担负足量砝码还能稳定不歪的时候,就是他们可以独立面对社会,变成新的社会主力的时候。

简而言之,家长既要适当地鼓励和支持他独立决策,但又不能完全放手由着他的性子来,更不能一把都抓在手里,完全按照成人的标准和意志狠狠地捏住他们的脖子。保护天平平衡的过程是对父母"功力"的考验。这个过程里面家长控制得越好,孩子长大了就会越强大,不用心的父母就会造成天平的严重倾斜,养出来的孩子要么特别野,没法使用社会规则,要么特别弱,无法独立生存。

所以当爸妈的,不可避免地会因为大量的琐事去跟孩子们争吵,比如说功课怎么样、穿着的细节、零用钱到底怎么花,以及上网能干什么、不能干什么,等等。

拍合影是家庭生活的小事儿,但也是常常会出现分歧甚至矛盾的事情。家长需要情绪良好、面带微笑,拍几张、在哪拍、和谁拍,都应该予以全面配合,"又不难,又没什么人惹你不开心,为什么不配合?"但是,就是这么一件无关对错的简单事情,青春期的孩子却可能有完全不同的感受和想法。

他们对照片的期待不仅仅是每个人都微笑,他们还在意自己的头发是否合适、衣服是不是称心、表情是应该酷一点还是平静一些,这些照片倘若有一天被同学看到,会得到什么么评价(尽管可能根本就不会被同学看到)。他们可能还会想,笑容背后应该是真实的情绪，要开心才应该笑出来，如果没有开心为什么要笑，这样难道不是很虚伪吗？他们并不能理解父母对照片里留下良好情绪的执着，他们会觉得应该留下真实。虽然成年之后，他们也会觉得自己在照片里木讷、冷漠或者高傲很傻，但那个时候他们就是不太乐意。除此之外，在同一个地方反复拍好几张，跟不同的人反复拍，这些都是他们不太理解和接受的事情。

这些对拍照本身的纠结是第一层压力，第二层压力还要防着家长的情绪变化。遇到特别没耐心的家长，这些琐事就可能成为导火索。由于不是奴隶和奴隶主的关系，所以他们并不会在大脑中简单地选择"**服从就可以万事大吉，服从就是唯一选择**"这么俯首认命的决策，他们也的确不确定父母是否会发飙。如果发生矛盾，他们既不明白为什么大人会生气，也不知道应该怎么处理这种矛盾。脑袋里的压力这么复杂，情绪如此警惕，肯定是做不到如丝般顺滑的配合，反抗和叛逆也就随时可能出现。

其实，还有很多时候他们的内心深处是希望得到认可的，但复杂的认知和多样化的标准让他们没法像成人般合理思考。他们只能大量尝试，甚至左冲右突、浮夸或偏执，这些本质上都是孩子们半熟的小心灵在做实验，需要家长在看不顺眼的时候能更包容一些。

父母遇到这样的"半熟行径"，要抓大放小，别斤斤计较。

让他们按照自己的想象和认知拍一张，再配合大人的标准拍一张微小的，小事情好商量。如果大人指望着孩子自觉听话、低头认罪，说"爸爸我错了"，这样并不现实。而且，这样培养出来的孩子奴性会很强，将来容易被欺负。

## 6 该吵就吵,学会和孩子"好好吵架"
——有目标,有控制

孩子跟家长对峙起来,有的时候会情绪失控,他们这个年龄就是大脑健全,情绪不稳,是比较正常的现象,不代表他们就大逆不道了。

遇到类似情况,家长得控制住自己的情绪,否则你一发飙,只能让本就无助的孩子更不知道该怎么办。代入到他们的视角里感受一下,他们本来想合理解决,结果没办成,和父母闹了矛盾,情绪失控了。结果又把爹妈惹急了,自己压力倍增,离合理解决越来越远,绝望和短路只能让他们更加情绪失控,甚至无助地尖叫,试图逃避现实或者以自我伤害为平息矛盾的手段。

家长可以用各种权威和暴力把孩子的情绪压制下去,并从道德上打压他们大逆不道,以后不许了。生活可以回归平静,孩子们表面会战战兢兢,但心里学到了什么呢?可能就是：暴力压制不同意见。至于问题本身应该怎么解决，不知道，也不想知道，因为太不愉快了。

解决冲突最好的办法是给对方台阶下，找合理的解决方案。这种给台阶的行为不会让孩子认为父母输了、怕了，反而会让他们安心和仰视，还能学到更好的解决问题的方法，还有处理矛盾的方法。而且，根据心理学家统计表明，绝大多数的争吵都不是基本价值观的冲突，也就是不会有大问题，比如在善恶、美丑、对错之类的基本价值观方面，孩子和父母之间很少出现不同。因此，不用放大对方的动机，而要给台阶，给方案，给点耐心。

那是不是不可以和孩子吵架呢？

当然可以，必要的时候，该吵就吵，也许能取得非常好的效果，加深交流和理解。但是，**做家长的要好好吵，有控制地吵，不要情绪失控，不要歇斯底里，不要动用暴力。**

好好吵架，就是要冷静并有目标地吵，要在吵架过程中有意识地引导孩子找到更优观点。**只要家长不要揣测孩子有恶的动机，就能控制住自己的情绪，做到冷静地好好"吵"。**

其实往长远看，这个能不能吵架的问题就特别简单。

你是希望养出一个又萌又乖的宝宝呢，还是希望养出一个经得起挫折、听得进意见，然后有能力自己思考并且做决定，而且还能有能力承担这些责任的下一代呢？

问题的答案已经很清楚了。

所以请家长记得,要允许孩子们强势表达,他们也有情绪,他们也有想法,但是家长的内心要比他们更强大,无论是知识储备还是情绪控制能力方面,要掌控住他们。

## 7 三个重要因素,影响孩子的叛逆程度
——家长承受边界

现实生活中,有没有部分家庭的孩子没有叛逆期呢?

有,而且还挺多。他们成功的关键不是孩子性格好,而是家长自身问题少,思路明确,处置得自然而然。亲子关系一直比较和谐的家庭,出现明显叛逆的概率都要小很多。

有调查研究表明,三个重要的因素会影响孩子叛逆的程度。

第一,是父母感情的融洽程度。父母争吵得越厉害,孩子越叛逆。

离异家庭的青少年在父母离异前,都会先出现成绩下降的问题,然后出现行为问题和心理问题。如果父母的感情不够融洽,经常发生情绪化吵架,孩子在他们冲突的过程里都会受影响,并在父母离异后更容易失去应有的安定环境和情绪稳定,更容易表现得叛逆。因为,他们对父母感情不和谐

和离异没有任何能力改变，他们会觉得父母不再爱自己了，因为自己不重要。如前所述，这个年龄段的孩子本身就想独立，再感受到被父母冷落，那更是不会贴近父母，也不会安抚自己的情绪，只能渐行渐远。

但是，"单亲妈妈会带不好孩子，导致孩子更多叛逆"的说法是错误的，并没有事实数据支持这个说法。反倒是有专项数据统计表明，单亲家庭的抚养对孩子的成绩并没有消极影响，出现问题行为的风险也不会增加。只要抚养人的情绪健康，用心、积极、乐观，孩子并不会因为缺失某一个父亲或母亲的角色而堕落失控。

第二，是母亲的受教育水平和能力。母亲的教育水平越高，自我情绪控制能力越强，管理水平越高，孩子的叛逆性就越低。因为作为母亲的女性角色在家庭中有两个明显优势，一是比男性更容易理解其他人的感受，更不容易陷入线性逻辑的死胡同，更容易多样化处理问题；二是母亲的母性里本身就带有较男性更多的、天然的关心、耐心和温暖。所以，只要母亲能够减少情绪失控，能够更合理处置各种矛盾，孩子温暖的感受和被支持的感受就会更多，叛逆也会随之减少。这一条关键因素不代表父亲的角色不重要，而是希望母亲能够发挥自己的独特优势，达成更好的亲子关系。

第三，是家庭环境。

经济因素其实并不会直接影响孩子，但过低的收入可能会让家长压力增大，容易产生情绪，而家长一旦产生情绪，基本上都会导致矛盾激化，因为**孩子对家长的情绪失控是无解的**。

经济干扰情绪的原理非常简单，任何人的大脑中承受的压力一多，都会产生情绪化的焦虑，容易失控，容易发飙。捉襟见肘的经济状况本来就会让成年人在各个方面都遭受压力的叠加，当再遭受到关于孩子的新的刺激时，就仿佛是压倒骆驼的最后一根稻草，导致亲子关系坍塌，加速孩子不良感受和叛逆。举个极端的例子。孩子随口一说，"这有啥了不起的！"语气轻蔑，用来表达青少年的自以为是。如果听到这句话的时候，爸爸或者妈妈刚刚获得了单位的升职加薪，家里面一团喜气，可能就不太会有人跟孩子较真儿，这句话就悄无声息地被忽略了。但是如果恰好爸爸生意亏损，或者是妈妈刚刚工作不顺，同样一句话就可能立刻引发暴风骤雨。

所以，<u>亲子关系里大部分的矛盾其实是因为家长自己的承受能力到了边界，从而导致局势恶化。</u>如果家长能举重若轻、泰然处之，孩子的叛逆顶多就是春雨之下的小火星。

## 8 总结：如何顺应规律平稳度过叛逆期？
——当好教练，做好陪跑

叛逆行为虽然是孩子们的必经阶段，但是家长的应对和举止对这个过程会产生巨大的影响。优秀的家长在孩子"炸毛"的时候可以控制住局面，让孩子变得更具实力，更加善良。如果家长连自己的问题都解决不顺畅，就不要苛责孩子们的种种叛逆表现。

青春期叛逆的根本原因不是孩子变坏了，是孩子向上生长的时候产生了错觉（非常常见），认为自己可能比家长更强大，所以当他们面对"又笨、又凶、还管得多"的父母时，心里必然有不服气的感受。

虽然是错的，但就是客观上会发生的。因此，真的想避免叛逆（虽然没必要百分百避免）只有一个方法，那就是让孩子觉得"我爸我妈比我厉害，值得我仰慕"。他们不但会减少叛逆，还会愿意向你学习效仿。

再告诉大家一个秘密，让各位家长放心。叛逆不是必须百分之百消灭的不良现象，有些叛逆可能会激发孩子的好胜心，未必不是好事。而且，大部分孩子在青春期的叛逆过程中还是信任并亲近父母的，所以父母不要被表面现象所激怒，那样反而容易把本来不存在的矛盾给激化了。有些时候，笑一笑，不以为意就好了，谁让他们还不太懂事呢？

孩子到了青春期后期（16 岁以后），情绪会逐渐变得稳定，所以家长一定要掌握这个规律，不能过敏。牢牢记住，抓大放小——大事不错，小事就不跟他们计较。

总而言之一句话，好的家长要日积月累地提供温暖和支持，要用非常大的胸怀和高级得多的视角来看待孩子们的不成熟，然后花心思、花时间，用非常细腻和积极的态度，不动声色地去呵护这些小家伙的成长。平时犯懒不费心，等孩子到了叛逆的时候就会真头疼。

希望每个父母都能够顺利地陪伴着自己的孩子度过青春期。

# 篇章 3 高维认知

# 第八章 建立行为边界,远离青春期的高危风险

青春期比较"剧烈",但大多数孩子都能在家长和学校的共同作用下,安安稳稳度过这个时期,孩子们需要的是家长对科学规律的尊重和精心的引导与包容。但是,我们也必须得承认,这个"大多数"的另一面,就是客观上会有些孩子没能得到好的支持和指导,反而是因为错误的对待方式而激活并放大了"烈性"的一面,真出了问题,比成年人出问题还要可怕。

虽然比例不大,但必须要向所有父母讲明,以便父母们做到心中有数,在日常的生活相处和教育中,尽量远离错误的方式,尽量远离这些高度危险的结果。

# 1 人为什么会抑郁？
## ——求而不得

**抑郁症，来自长期的、持续的求而不得。**

青春期的孩子们身体迅捷，大脑又比较"新"，这么好的硬件让他们感觉自己很"猛"，但是现实对他们的规则约束又多，所以他们看似年少无忧、朝气蓬勃，其实压力很大。孩子们普遍得不到内心深处想要的那种成人化的尊重，在外界所处的各种环境中面临着崭新的社交压力、学业压力和恋爱压力；回到家里后，非常熟悉的父母在眼中也变了样子，孩子们不想再像小时候那样亲亲爱爱地，但爸爸妈妈还不能接受。

别说孩子，就是换成大人突然之间进入到这么一个环境里——自己觉得厉害但到处被管制着，全是新压力的同时老熟人还停留在过去——成年人也未必受得了这强烈的变化和刺激。对于一个十几岁的孩子来讲，挑战确实有点大。

这样的压力之下，父母如果能给予温暖和支持就还好，如果父母给的是冷漠和挑剔，再加上严苛的批评，会让缺乏解决方法的孩子们产生大量困惑、不解和负面情绪，时间长了得不到疏解的话，内心深处就会积累很多的挫败感与压抑，反向刺激他们大脑里的杏仁核习惯性地进入紧张、警惕、敌对、恐惧状态，同时抑制他们本应快速发育的前额叶皮层，也就抑制了高级思维能力、情绪控制能力和逻辑思维能力等宝贵的成人本领的发育。压力一大，又没法解决，接下来就可能会导致危险行为的发生。

抑郁症，可能很多家长听过这个词，有的知道它很严重，有的觉得没什么大不了。

根据心理学家的统计，大约一半的心理障碍首次发生在14岁以前。世界卫生组织的数据显示，在全球范围内，10~19岁的青少年中估计有约14%的人存在心理健康问题，且其中很多并未得到发现和治疗。

我接触过好几个曾经患有抑郁症的年轻人，好在他们都坚强地、积极地配合医生治疗，现在已经治愈了，但过程的确凶险，受到干扰的可能性和病情反复的可能性也极大。家长一定要重视孩子的心理健康问题，千万不要再以为仅仅是孩子情绪低落或者矫揉造作了。

在患病的风险中，相对而言，早熟的女孩儿更容易患有抑郁症，这个现象也许是因为早熟的女孩儿情绪波动更剧烈，或者因为她们对社会关系的压力更敏感。而同年龄段的男生则因为存在大量的体育活动和社交活动，所以患病的概率相对比较低。

除了性别的因素之外，导致抑郁症还有其他几个危险的因素，包括长期焦虑、社交恐惧、生活压力事件、其他慢性病（如糖尿病或者癫痫）压力，还有就是家庭里的亲子冲突。家庭冲突的因素非常醒目，爸爸妈妈态度特别蛮横，经常造成不可调节的矛盾，甚至对孩子冷漠、忽视，这些都是导致青少年产生抑郁症的诱发因素。从遗传的角度来讲，如果父母一方有抑郁史，那么更加会提高患病的概率。

我们举一个生活中比较常见的状况作为例子。

一个普通的孩子，在学校里学习成绩中等，体育成绩也中等，社交方面不是很受欢迎也没有被排挤，各方面都算是正常。他可能因为担心学业成绩，或者担心被同学看不起，或者因为某些不公平现象从而产生一种比较悲伤的情绪。孩子表面上并没有痕迹，不会泪流满面，而是正常做作业，考试成绩也算稳定，但家长不知道的是，孩子每天都沉浸在淡淡的悲伤情绪中。

大多数孩子可能都出现过上述类似的情况，时间或长或短，不算是什么有伤害的情况。但在这种比较敏感的阶段，父母的处理方式却会成为非常重要的影响因素。

孩子一回到家里面，如果遇到不能正常交流（聊天）的父母，压力则会加重。因为孩子会预判结果，如果和爸妈说明自己的心事，可能不但没有理解和支持，反而还会遭到鄙视和批评，指责的话就如同冷水浇头一样伤人，再加上同龄人之间那种敏感的嘲讽，就会把孩子打击进入加重病症的通道。

再强调一遍，很多事情（比如以学习为重的价值观）在家长看来完全没错，但孩子的感受可能是如坠冰窖。如果类似的悲伤持续存在，并且伴有注意力无法集中、疲劳、冷漠、无价值感，这些现象就可能让孩子转变为抑郁症。

**强调：如果长期压抑导致悲伤的持续存在，随后伴有注意力无法集中，疲劳、冷漠和没有价值感等迹象，孩子容易被诱发抑郁症。**

## 2 抑郁一定会表现得悲伤吗？
——双相情感障碍

更需要特别注意的是，青春期的抑郁症不一定表现为悲伤。成年人的抑郁症中很多经典表现是孤僻、低沉，对什么都没有兴趣，情绪悲伤，行为无力。但是青春期的抑郁症不一定是表现为悲伤，有可能还会表现为易怒、无聊或者是没有办法感受到生活里的乐趣，严重的还会有自杀倾向。

在患有抑郁症的人群中，20%的人是存在双相情感障碍风险的。

什么是双相情感障碍风险？

双相情感障碍就是抑郁患者在低落和兴奋两种状态之间交替地变换，兴奋期的特点表现为精力非常充沛、情绪高涨、动作夸张、喜欢冒险、进攻性强，低落的时候就是前面描述的各种无力感和没精神、情绪低落。要特别注意的是，这些变化并不是他们的自主驱动，不是他们想发脾气或者想沮丧，而是不由自主表现出的病症。这时候如果对他们的动机或者自控力进行质疑甚至批评，不但起不到一点劝阻的作用，反而可能进一步加深他们的负面情绪，造成更大的二次伤害。

家长们要特别注意时常观察孩子们的情绪状态，主要包括以下几点：

1. 看看他们的情绪是否长期处于非平静状态，包括亢奋和低落；

2. 看看他们是否还有愿意交流的欲望，不一定非要孩子们表现得积极主动，这对青春期的他们来讲是困难的，但只要没有逃避或者厌恶，还能好好聊天就好；

3. 观察他们是否会因为一点点小事而突然爆发出巨大的悲伤或者愤怒，正常的青少年不会完全失去情绪控制能力，即使经常有些小的情绪波动，也是在行为举止的合理范围内，不会非常剧烈；

4. 观察他们睡眠质量好不好、饭量是不是正常。因为饮食障碍会加剧抑郁症的症状，我们在前面讲过饮食障碍，包括厌食症和贪食症。而抑郁症状加剧的首要表现就是睡眠障碍。

如果上述症状出现，家长就需要特别上心了，千万不要用错误的方式忽略或者加重伤害他们本来就脆弱的神经系统。

首先，家长要用最大的善意和包容来**给他们心理上提供**

**支持**，为了防止患病产生这种严重的后果。这句话说着容易，做起来其实非常考验家长的情绪控制能力和自我行为管控。

其次，需要家长用心去**体会孩子们的感受，了解他们内心的需求**，给他们带来更多的循序渐进的积极活动，比如让他们参加体育训练，带他们去见见世面，一起来一趟好玩儿的旅游。

最后，家长要多做一些**有效陪伴**，少一些不走心的应付，更不要打压和冷漠对待孩子。

总的来说，站在孩子的视角里，能看到的是爸爸妈妈的良好情绪和积极状态，能让孩子们感到安心和关心，孩子的心理健康就不会出大问题。

如果孩子的状态持续不佳，就需要赶紧就医治疗，听取医生的诊断结果和治疗方案。这件事没有任何商量的余地。

## 3 什么情况下，容易沾染恶习？
### ——七大风险因素

烟、酒、部分药品特别容易让人上瘾，尤其对青少年更加危险。

对于成年人来讲，抽烟、喝酒是伤害身体的不健康的生活习惯，也不应加以提倡，能早戒就早戒。对于青少年来讲，这些不仅仅是生活恶习，还会造成数倍于成年人的危害。这些物品会损害青少年正在发育的神经系统和大脑区域，造成不可逆的伤害积累。

根据心理学家的统计，我们列出孩子容易沾染恶习的因素和表现特征，请家长仔细阅读比对，看看你家孩子风险高不高。

第一种叫作**困难型气质**。困难型气质简单翻译成白话就是"老大难"，孩子做什么都不行，也得不到认可，学习成绩老是垫底，运动和身体健康都不太好，没什么朋友也没什么人喜欢，这样的孩子就容易沾染恶习并成瘾。

第二种叫作**冲动型气质**。他们愿意获取感官刺激，享受情绪的冲动，比如喜欢说脏话，经常骂人或者动手打人，喜欢搞恶作剧，然后被别人的窘况逗得大笑，还有的人会保留攻击性习惯，表现凶狠。这类人还容易彼此吸引，相互强化相关的行为特征。

第三，**家庭影响至关重要**。常见的有，爸爸有不良习惯，起到坏的示范作用；或者是家庭里有严重的冲突，经常闹得鸡飞狗跳；甚至有的家长会因为情绪失控而逼走孩子。上述情况很容易让孩子沾染恶习。

第四，**无心学习容易堕落**。孩子对学习没有兴趣，缺乏知识和规则的教育，拒绝上课、写作业和考试（实际上很有可能是被其他内容抢占了脑资源），就容易通过滥用这些东西去寻求精神上的慰藉和解脱。

第五，**被同伴排斥会造成痛苦**。被自己喜欢的人拒绝，没有朋友可以倾诉和理解他的失落情绪，没有人重视他的人格，甚至受到些轻慢或侮辱，情绪上的低落和痛苦也会造成精神上的疏解需求，或者更准确地说，是麻痹的需求。这时候孩子就有可能转向容易得到生理满足的恶习。这也是我们始终强调父母和孩子"能好好聊天"很重要的原因。

第六，**交友不慎很危险**。孩子交到了有恶习的朋友，例如社会上的闲散人员，他们抽烟、喝酒甚至可能动用违禁物品，孩子结识了这样的人就会非常容易沾染恶习。

第七，**无知误导有点冤**。有些家庭成员可能缺乏科学知识和健康常识，从小灌输给孩子的信息就是抽烟、喝酒没什么大不了的，试试没关系。也可能是家庭成员以外但常在孩子身边出现的人，比如一些叔叔、阿姨、姐姐、哥哥们虽然没有恶意，但也没有必要的知识储备，告诉孩子抽烟喝酒没关系。如果孩子周围老有这种观点的人，就会更加容易沾染恶习。

存在上述影响因素的青少年，一旦他们很早开始沾染恶习，频率就会越来越高，成瘾的可能性就会越大。有数据统计显示，11岁开始吸烟的年轻人，长大之后从事危险行为（比如犯罪）的可能性是不吸烟的同龄人的两倍，较早接触烟、酒、毒的人都有类似的危险行为趋向。15岁前就开始喝酒的人，成瘾和酗酒的可能性是21岁以后开始喝酒人的5倍。而且，青少年的学习和记忆更容易受到酒精的消极影响，有一项研究发现，十五六岁的酗酒者如果停止喝酒8周，8周之后他跟不酗酒的同龄人相比，仍然表现出大脑的认知受损。

所以，做家长真心不容易，需要仔细对待孩子生活和教育里的每一个环节，因为这个年龄段的他们是脆弱的，需要我们把好关。

## 4 为什么会出现反社会行为？
### ——恐惧建立"假"边界

进入青春期之后，还会有少量的孩子开始大胆尝试突破边界，违反校园规则、社会规则甚至违犯法律，从事破坏性行为，伤人、毁物、制造混乱，严重的可能会参与刑事犯罪。我们统一称之为反社会行为。

青少年参与实施反社会行为的生理层原因，是他们的大脑前额叶皮层还没有发育成熟，对做出判断和抑制冲动的管控是不完整的，有可能在关键时刻或者巨大压力之下，做出过分的举动。但仅仅归咎于头脑发育不健全不能说明问题，因为反社会的青少年到底只有一小部分，绝大多数孩子都能做出正常的判断，也能控制好自己的行为边界。

真正导致青少年反社会行为的重要原因，是**家长的教育缺位**。

比较常见的一种情况是家长明确是非善恶，有正确的价值观，也对孩子有要求，但因为方法不当，导致孩子关键时期没能建立恰当的行为边界和规则意识。

通常这样的父母偏严格，只批评不表扬，也缺乏耐心的讲解和示范。他们从孩子小时候开始就不太会表扬孩子做对的事情，因此孩子的良好行为没有得到强化，而且他们还会对孩子做错事情进行非常严厉的惩罚，意图通过痛苦和恐惧来告诫孩子不要再犯。**但恐惧建立的边界不是真正的行为边界，只是临时退缩。**他们不做坏事的原因，不是认为事情不该做，而是认为自己是即将接受惩罚的弱者，所以不敢做。一旦他们觉得自己强大了，或者可以侥幸逃避惩罚的时候，就会继续作恶。这样教养出来的孩子就会缺乏正确的行为边界和规则意识。孩子们一方面没有动力去做合规的、好的事情，另一方面躲在惩罚够不到的地方跃跃欲试，一旦条件具备就可能犯规。

我们无意为反社会行为青少年开脱，但他们的年龄和头脑中的认知能力是客观的，他们的确不能像成年人一样百分之百了解世界并做出正确的判断。他们从小所能接触到、吸收到和学会的东西全都是由家长源源不断地提供的，他们在不明真相、不懂道理的情况下做错了事情，本应是最佳教育时机，即利用孩子的不安和期待，教给孩子正确的解决方法和思考方式，事半功倍。但是，家长给予的如果全部都是疼痛、压力和恐惧，孩子们自然没有什么安全感，也学不到正确的处理方法。

容易生气的父母是错怪了孩子的动机，他们往往认为不良行为是孩子们故意的，是道德和人品出现了问题，所以他们才会用过激的手段去矫正。这种思路和手段都是错的，培养不出好的亲子关系，也培养不出信任和依赖，以及孩子最需要的支持感。

此外，还有些家庭存在父母之间意见不一致的纷争。事情可大可小，爸爸说一，妈妈说二，孩子就不知道该怎么选择了。往往争到最后，事情的解决并不是按照合理性来终结，而是转向情感矛盾、情绪喧嚣或者家庭权力来决定。孩子本来可以学到的是合理思考和解决方案，结果不仅没学会建立行为边界，还遭受了情绪及氛围的压力，这种情况持续下去也容易让孩子尝试反社会行为。

孩子的反社会，其实就是从反父母和反家庭规则开始的，他们通过捣乱可以获得关注，虽然可能遭受惩罚，但他们并没有学会正确的方法，只能不断强化自己，类似"我就是个坏孩子，反正做这些事情我爸和我妈不管我，或者是只知道打我，我也不知道该怎么办。那么我既然是个坏孩子了，我就可以做坏事。"这就进入了不可逆的恶性循环，一旦让孩子觉得自己差了，那么再想回头就很难了。

## 5 "年龄还小"到底是谁做错事的借口？
### ——纵容会破坏边界

给孩子带来更大风险的一种情况是，家长自身没有明确的是非观。连成年人思考和做事都不具备正确的行为边界，每天言传身教，孩子自然也不可能学好。

倒不是说这样教坏孩子的父母一定是恶人，故意要做恶的事情，也有很多情况下，父母自己的正常规则意识比较淡漠，特别在自己的利益和公共规则产生冲突的时候，因为情绪或者面子，而不顾公俗良约、公共道德和社会规则的约束，自己在孩子面前表现失德，悄然间给孩子灌输了错误的价值观和规则意识，导致孩子的行为边界混乱。

现实中出现过很多类似的案例。比如孩子年龄还小，或者刚刚进入青春期阶段时，做错了事情，有的是闯入女厕所踢门捣乱恶作剧，有的是在游泳池里有意或无意地触碰了其他异性的身体，父母随后都与被冒犯的人之间发生了争执。

其实，这些事件、案件当中，孩子们真的未必是要做伤害别人的事情，只是规则意识不强，懵懵懂懂地做了错事。按理说，哪怕仅仅是为了教育孩子，以防孩子长大之后再犯更大的错误，父母也应该清楚地告知孩子对错，告知孩子行为边界和公共规则，并向被冒犯到的人道歉。这样处理一次，孩子就能获得正确的规则意识，也能认识到自己的行为不但会伤到其他人，也会给父母带来愧疚感，他们就会自然而然学会正确的做法，以及解决矛盾的有效方式，变成一个受社会欢迎的人，变成一个正直和善良的人。这是造福他们未来的教育方式，值得每位家长学习。

毕竟，比起孩子们将来闯下大祸、接受社会惩罚，第一时间向被冒犯的人道歉的所谓"丢面子"一点都不重要，更何况，得体的举动和正确的行为和责任心，根本也不会有任何一点"丢面子"的情况发生。

但是，现实发生过的这些冲突中，父母们却因为"孩子还小"，以及维护自己那点"不能输给外人"的面子，在被冒犯的人面前毫不讲理地嚣张跋扈，越"错"越勇。更有甚者还会在孩子犯错之后，不但不分是非，反倒咄咄逼人地攻击受害者。越不讲理的人就会表现得越彪悍，孩子也会在这个过程中丢掉本应该学会的正确规则和做法，会觉得"我这样做可以，我这样做不是错的，你看我爸我妈多支持我，那我下次还可以继续，甚至再过分一点"。等到孩子长大了再做违反社会规则的事，那时就不是父母能管得了了，只能交给警察去管。所以那些看起来当时是护着孩子的行为，没想到却点点滴滴误导了孩子，耽误了孩子前程。

类似性质的事情，不一定都是直接冒犯别人身体或隐私的错误，也有可能是更日常的一些"小事儿"，包括排队插队、卖东西缺斤短两、买东西偷拿赖抢、开车时不规范驾驶、停车时故意挡住别人的位置、开车门时剐蹭碰撞别人的车也无所谓，等等。如此种种小事看起来毫不起眼，但本质上却是因为自私或无知而违反了公共规则，侵犯了别人的利益。这些言传身教，也会误导孩子的意识，放纵他们的任性，让他们难以树立正确的行为边界。在高度文明的社会中，遵守规则就会更容易适应社会，得到更多人的认同和帮助；破坏规则就是破坏公共利益和守规人的利益，会遭到大家的排斥和社会的惩罚。

所以，没有边界感的行为都是爸爸妈妈不懂、不在意，或者故意纵容出来的，孩子大一点所做的反社会高危行为都是点点滴滴从小积累起来的。有一天，父母发现孩子的行为已经失控了，再幡然醒悟想靠临时的批评和管教，就已经积重难返，很难有效地约束孩子了。

终其一生，人的所有行为其实都是希望得到特定人的认同的，尤其是在努力或者取得成绩之后，更加希望得到认同。在犯了错误、吃了亏、惹了祸之后，则希望能够搞明白其中的关键因素，然后被原谅、被宽容，也避免下次再犯相似的错误。我们后面会讲到的最佳教养方式——权威型教养——这样的父母会帮助青少年建立内化的标准，建立健康的、正确的、符合社会规则的行为边界，同时保护孩子避免受到外界不良因素和人员的负面影响。

如果你的孩子出现了下列的行为特征，你就必须要提高警惕，尽早改变教育方法：

1. 不听老师或者父母的话。
2. 忽视他人的感受和权利。
3. 会有虐待他人的行为。
4. 习惯依靠暴力和威胁来解决问题。
5. 时常认为生活对他们不公平。
6. 在学校经常违反校规和纪律。

如果孩子出现了上述的六个特征，请家长们万万要警惕，要采取正确的教育方法，深入到孩子们的内心，把已经开始出现的苗头拔除，用温暖和支持以及宝贵的引导，把孩子们带入健康成长的正轨。

# 6 总结：如何让孩子远离高危行为？
## ——建立支持性关系，确立行为边界

**给孩子建立行为边界的时间越早，他们后面闯祸的风险就越小**。如果孩子闯祸了，家长的智慧就需要体现出来，帮助孩子"脱离苦海"，而不是一味地抱怨指责和发脾气。

青春期的孩子不幸患抑郁症，或者沾惹恶习成瘾，又或者做出反社会行为，整体上还是属于偏小概率的事件。小概率意味着不是大量发生，但一发生就是很严重的问题。

先给所有家长吃一颗定心丸，青春期阶段孩子的主体价值观是和家长一致的。他们大的是非观、大喜大恶都是跟家长保持一致的。虽然他们表面上可能会显得桀骜不驯，但毕竟是父母十几年来亲手教出来的，所以**内心深处仍旧渴望做得到父母认可的事情**。我们承认，他们做事情的行为模式和边界在青春期阶段开始由周围的同龄人不断地修正，但父母还是根基，家庭还是他们安全的港湾。

"家庭还是他们安全的港湾"不是心灵鸡汤也不是空话，父母应当牢牢记得自己的定位。<u>与父母间有牢固的支持性关系的孩子是最安全的</u>，他们的爸爸妈妈能够适应孩子的新变化、新方式、新行为，也能大度地接受孩子们脸上和眼睛里面可能会出现的轻蔑、桀骜和不耐烦。优秀的父母不会在意这些微小的表面变化，更关注孩子的内心是否健康、自信、乐观，更希望孩子学习好的处理事情的方法。所以，优秀的父母会鼓励孩子们去争取独立决策，在合理的范围内大胆尝试；即使错了也没有关系，爸爸妈妈会提供帮助，家就是孩子温暖的港湾。

孩子们需要的是父母的信任，不是死死地把控和钳制。父母最主要的任务是给孩子确立行为边界，即哪些能做，哪些不能做。有了大的行为边界，就可以允许孩子们积极主动去尝试。在这个过程中，孩子们不但能学习如何解决问题，还必须要学会行责自负，即做错了事需要自己去承担这个结果，行为和责任自己担负。经验是宝贵的，教训同样宝贵；经验用来再接再厉，教训用来保底安全。在这样的教养过程中，孩子们能体会到成功的快乐、责任的重大，还能感受到父母的爱和包容。

每一件比较重要的事发生之后，除了事情本身的得失成败之外，优秀的父母还要能多想一步——这件事情之后是不是能让孩子有所受益，还是会给孩子带来恐惧和伤害。如果父母能想到这个层面，就能意识更清楚地处理麻烦的局面。

比如说，你家小朋友跟别的小朋友打架了，处理这种矛盾的过程就特别考验家长的智慧。只凭情绪的冲动去处理很容易把事情搞得更糟糕。有些父母护短——"我爱我儿子，我必须要维护他！谁打我儿子我就跟他没完！"有些父母是冷漠或者厌恶——"平常我怎么教你的，怎么这么不守规矩，到处给我丢人！"这些冲动的行为都是错误的，只要多想一层——**你的处理会让孩子得到什么**——绝大部分家长都可以做出更冷静、更合理的处置决策。

要想孩子远离高危行为、平平安安度过青春期，其实只有一个秘诀，那就是家长必须花时间和精力去"泡"，积极地"泡"，给出更多的督促、更多的鼓励，关键时刻给出必要的指导和帮助，在孩子还没有做出违法行为之前，不要无所谓，不要嫌累偷懒，勿以恶小而为之。

# 第九章 最优家庭教养方式，积累优秀的亲子关系

世界上的家庭教养模式多种多样，有严父慈母的家庭管理，有平等独立的朋友式相处，有辈分森严的宗族制度，有自由随性的放养教育。不同的人，不同的环境，不同的能力，选择不同的家庭教养模式。

在诸多模式中，温暖而富有支持性的家庭中亲子冲突最少，而在有敌意的、强制的或批评性的家庭氛围中，亲子冲突最多，并不断呈现恶化趋势。

# 1 家长需要一直保持镇定和正确吗？
## ——权威型教养

　　世界上的家庭教养模式多种多样，有严父慈母的家庭管理，有平等独立的朋友式相处，有辈分森严的宗族制度，有自由随性的放养教育。不同的人，不同的环境，不同的能力，选择不同的家庭教养模式。

　　在诸多模式中，温暖而富有支持性的家庭中亲子冲突最少，而在有敌意的、强制的或批评性的家庭氛围中，亲子冲突最多，并不断呈现恶化趋势。

　　从全球的大数据来看，家庭冲突在青春期阶段早期开始变得越来越多，然后随着孩子的成长会越来越频繁，到青春期中期会爆发出激烈的争吵，关系恶化最为严重；到16岁以后，也就是进入青春期后期，亲子冲突次数会慢慢减少，孩子逐渐懂事。

　　心理学家提供了四种模型供父母们来参考，其中一种最优的称之为**权威型教养**,另外三类是**专制型教养、溺爱型教养和放任型教养**。其中,权威型教养方式是孩子们最喜欢的方式,也是能最大限度提供温暖和支持的方式,是效果最优的父母教养方式。

**权威型教养方式**

首先必须要解释一下,权威型教养这个词是从英语 authoritative parenting 翻译过来的,与我们中文语境中常见的权威含义不同。权威一词会引发人们理解为权力和威严,大概是高高在上、咄咄逼人、不容置疑、不容挑衅、不容反抗的样子。各位千万别被表面的意思误导。实际上,根据《新华词典》的解释,权威是指"使人信从的力量和威望",也并不是要威风和高高在上的意思,重点在于**使人信从**。

**权威型教养的具体表现包括四个方面。**

第一,父母会坚持重要原则,坚持重要的标准和大的价值观,重要的规矩必须要清楚地给孩子们建立好、讲清楚,比如说,不能偷,不能抢,不能犯罪,要遵守社会规则,同时家长也要以身作则。如果孩子的行为违背了大规则和价值观,必须要进行严肃处理。家长最大的教导价值就是给孩子建立行为边界。

第二,家长会乐于倾听孩子们的想法,愿意和孩子们平等商讨。这条非常重要，为什么？因为这是家长有本事的表现——脑袋里知识多，情绪控制得稳，智慧要高于孩子，所以当他们听到孩子们那些青涩、幼稚、半生不熟又自以为是的想法时，家长心里是乐悠悠的，不生气、不紧张；哪怕是在一般家长看来冒犯和挑衅的内容，他们也不生气。"我让你小子先折腾，把你的想法都说出来我听听。听完我告诉你，哪里还可以，哪里有问题，更好的应该是什么样子。"只有心里没自信的人才会特别容易被挑衅，才会希望简单粗暴处理，才要依靠辈分和尊严来压迫孩子的想法。好的家长愿意听孩子说，然后认可对的，指出错的，跟孩子平等讨论更优的观点。

第三，家长会尊重孩子的自主意识，特意培养和加强孩子们的自主决策能力和行为能力，还有特别重要的尽责性，训练孩子承担自己的责任。所以他们在教育孩子的时候不会什么都替他做决定，会提供条件尽量让孩子自己做决定，像穿什么衣服、跟谁出去玩、每天应该带什么东西去学校、想练习什么体育项目、想培养什么业余爱好，等等。有的家长会担心孩子根本不懂，会乱来。好的父母会在孩子没有完全决策能力的时候，提供尽可能多的帮助，包括帮他分析优劣、确定他的感受、理解他的想法、提供比对选项，等等。即使选错了，也会帮助孩子接受错误并进行改正。试错本身也是宝贵的学习过程。

第四，如果孩子犯错了，优秀的父母会坦诚地表达出失望，但更重要的是还会表达鼓励，相信他下一次可以做得更好。一般家长认为表达失望是以下这些语句：

"怎么会这样啊？"

"我本来以为你可以，原来你不行啊！"

"早知道当初就不应该……"

注意！这不是表达失望，这表达的是后悔和不信任，这是非常严重的错误表达方式。

<u>就事论事，是表达失望的正确方式</u>，即只是对结果的共情，而非对过往决策或者对孩子能力的否定。正确表达方式大致如下：

"呀！这次没有入选，结果稍微有点遗憾。"

"的确，最后一道题太难了，我也想了半天。不过你已经很努力了……"

"看来，其他参加比赛的同学水平的确比我们高啊！我们还有机会吗？"

"啊！功亏一篑，摆了一个小时的多米诺骨牌，因为一个不小心，可惜。"

失败的结果，应该产生相应的情绪反应，这个表达非常重要，因为这也是他们将来独立面对困难时会遭遇的情况。对于一个心理健康的人来说，遇到挫折不是没有情绪——那样会造成神经系统的内耗和损伤——而是应该自然而然地产生相应的情绪。**最关键的是，健康的人格第一步会接受自己有情绪的事实，第二步才是安抚自己的情绪，第三步是从情绪中摆脱出来寻找补救或者解决方案。**所以，家长没必要一直保持镇定和正确，而应该给孩子们示范做一个正常的普通人，但具备良好的心理调节能力和纠错能力，以及积极主动的乐观心态，这才是真正的强大能力。

如果犯错的是个好孩子，他做错事情之后自己也很惶恐，他的最优反应是接受已经产生的结果，然后找到方法让自己接下来不要再错。在这个过程中，他是第一内疚的人，是第一自责的人，是第一盼着好的人。这时候父母的共情是非常良好的安慰剂，能跟他们一起失落、一起沮丧、一起不甘心，然后再给出信任和鼓励，帮助他们找到出现问题的原因和更优的解决方案，符合孩子们从情绪化到自信，再到求知欲的所有需求，他们才会积极主动地去改正错误，去做得更好。

## 2 如何正确地表达失望与鼓励?
——习得性自信

表达失望和鼓励,逻辑上一定会就事论事地寻找问题出在哪里,以及接下来怎么做,这样更能激发孩子们对自己的行为负责,并乐观自信地迎接挑战。如果孩子做错事之后只有严厉惩罚,或者一味地被追责不可逆的当时的决策和动机,则会效果很差。有些父母自己会先情绪失控,表达出完全无力改变局面并对今后也不抱希望的状态,比如说歇斯底里地大声斥责和抱怨,甚至把责任全部归给孩子,并对未来表达斩断性的绝望。这些反馈会让孩子们本来内疚的心态雪上加霜,甚至完全恍惚无助,他们会本能地屏蔽和反抗这种进攻和伤害性的表达。很多冷漠和仇恨的种子,就是这样埋在孩子们心底的。

遇到困难和挫折,其实是一个非常好的机会,一方面可以改进自我提升实力,另一方面可以让父母和孩子同甘共苦,这是很宝贵的一举多得的好事情。所以，智慧的父母会教孩子自己思考，去看待问题的两面性甚至多面性。他们会允许甚至欢迎孩子来参加家庭决策，比如，家里面要买什么东西，要重新装修的风格，要去哪儿旅游等这些事。孩子们的意见也许不成熟，也许是错的，或者没有什么充分的依据，但是要让他们一块儿参与、一块儿表达，就会潜移默化地增强他们的决策能力。更为关键的是，优秀父母是允许孩子比父母"强"的。

我家小朋友在学习数学的时候，就提到了两个数学模型，一个叫作羊头模型，一个叫作风筝模型。这两个概念我是真的不知道，更不要说用来解题了。我该怎么办？

在遇到这种情况的时候，我不知道有多少父母会采用遮蔽的方法，不承认自己的"无知"（不会其实很正常），然后用搁置、冷漠甚至打压的方式维护自己的尊严。越是害怕孩子看不起自己，越是容易招来孩子的鄙视，因为孩子其实看得到你的不自信。

我当时说，"这我还真不懂，你能给我讲讲吗？"

第一句承认自己不会，第二句表达学习心态。这是非常好的言传身教，他们将来也会这样，坦率接受自己的不足，有机会就学习新知识，会变得越来越棒。接下来的讲解过程还对孩子是一种锻炼和提升，不管孩子讲得清楚不清楚，不管你学不学得会，孩子会觉得这是一件有趣的事情，因为能比自己的父母强是多有趣的事情啊！

有的父母会担心，如果孩子老觉得比爹妈懂得多，那将来管不住了怎么办？

说句冒犯的话，水平好的老被水平差的压着，这不是好事儿。反过来，水平差的管不住水平好的，这是好事儿。当然，你要是认为"学习我管不了，别的我得管着，他得听话啊！"为了管生活、管情绪、管规矩而不承认孩子学习的能力，这类家长在**其他方面也一定会出现"一切以我为准"的刚愎自用。**

对孩子来讲，父母不但坦然承认他们不会，还愿意虚心请教，孩子看到的就是一幅温暖而富有支持的场景，"我爸我妈能向我学习新东西，我已经有些地方比他们强了，我更要努力了！"他们学这些不是为了反抗你、碾压你，而是为了让自己保持前进不落后。他们将来再遇到不懂不会的问题，就不会逃、不会装，而是虚心学习。这样的态度就是大五人格里面常说的开放度高，是讨人喜欢的风格，也是进步最快的风格。

优秀的父母能够在孩子提出要求和做出回应之间取得平衡，既不会对孩子言听计从，也不会一味地收紧。他们能在孩子取得进步的时候给予赞赏，在孩子们做错事情的时候，给予帮助和鼓励，而不是让孩子们觉得心慌、害怕、不知所措。如果孩子出了错误惹了祸，其实他也不乐意。只要他还没有习惯性地形成恶性循环，他也会希望自己下次变得更好。越是关键的时候，他们越是需要来自父母的帮助和鼓励。所以，父母给予孩子的**心理自主权**越多，孩子们在学业和将来的社会领域就越自信，能力就越强。优秀的父母都特别注意让孩子取得成功，克服困难，不断改进，形成良性循环，不但事情越做越好，而且心理也越来越强大，越来越自信。这在心理学中被称为习得性自信，是特别宝贵的成功者品质。

## 3 什么样的孩子会习惯忍耐与顺从？
——专制型教养模式

专制型教养的模式里，孩子是很可怜的。

专制一词非常好理解，就是不允许质疑的存在，不允许不听话，更不允许争论和反抗，一切都不是以道理正确与否、是否最优来做决定，一切都是以身份来确定秩序。"因为我是你妈，所以我说的你必须听，你敢有自己的想法就是错的！"

孩子们幼年的时候还好，因为没什么主见，从头脑到身体都弱小，所以尽管屡受严格管控，但也没有那么强的冲突和感受。一旦进入青春期之后，身体、头脑、情绪都会不可避免地与专制产生大量冲突。如果家长非常强势的话，就会折损孩子的自尊心、自信心，大幅度伤害孩子的情绪感受，严重的可能会毁掉孩子的意志，让孩子进入抑郁阶段。

轻一点的表现是，孩子取得好成绩不表扬，孩子成绩不好或者犯错误了就下狠手，比如面壁思过不许吃饭，或者宣泄情绪式的惩罚——下个月不要玩游戏机了，下个月的零花钱取消了，从明天开始你不能够再看电视，不能够再用平板电脑等，来减少孩子们的权利或者限制他们的行动，以孩子的恐惧强化自己的威严。

这种管教方式会使得孩子排斥父母，找不到自我存在的价值，他们可能会不惜一切代价到外面去寻找认可，但这种情况下很难找到好孩子认可他们，大概率是找那些同样有问题的孩子去抱团取暖，从这儿开始就是恶性循环。

通常，专制型教养可以取得孩子们的顺从，这也是此类父母希望达到的成果。毕竟，不分优劣对错地顺从，是很让父母省心的。然而，省心的背后是个懒字。遇到愿意操心的父母，他们的专制还能尽可能提高各项管理和决策的正确性，但权力很可能被滥用，损伤孩子的自主能力，养出卑躬软弱的孩子，以致孩子成年后继续对社会里的强者顺从，可能也能生活得不错，但就要看命运给予他什么样的强者。指望自己挺直腰杆凭本事和头脑来做事情，是不大可能的，因为他们没有机会学习这些独立决策的本领。

倘若遇到心里懒表面也懒的专制型父母，那就是用粗暴的方式管理一切。他们不愿意动脑子想问题，更不愿意动脑子去考虑孩子的感受，所做的决定都是凭心情，但心情又大都不好，所以家庭里经常充满荒谬的喧闹和暴力。在这样的家庭里，孩子完全不知道什么是正确，什么是感动，什么是信任，能学会的只有忍耐和唾弃，将来长大了要么变得特别惶恐，继续以忍耐的方式承受所有压力，无法真正融入世界，还有可能突然突破忍耐的界限而爆发，做出比其父母当初更加凶残和冲动的事情。

## 4 什么样的孩子易陷于失望与愤怒？
## ——溺爱型教养模式

溺爱型教养中的孩子，可能此刻感觉是畅快的，但他们离开父母之后的人生，会充满各种挫折甚至不幸。即使是身体不离开父母的呵护，比如在家庭的护佑下可以一直顺畅地找工作、结婚、生子，但因为内心始终缺乏真正的自尊，同时始终保持着不合理的高期待，会有很多时候导致因自己的欲求不满而产生失落甚至愤怒的情绪。

溺爱型教养的父母虽然会给予孩子大量积极的肯定和热烈的情感，却很少对孩子提出合理的行为指导，在建立行为边界和规则方面则更是缺乏。对孩子取得的一点点成果会连声惊叫，并给予大量表扬和奖励；一点点挫折都赶忙呵护宽慰，孩子自己还没觉得怎样的时候，家长已经紧张过度了。尤其是和外界发生矛盾的时候，孩子可能本来持有基本的道德观和公共规则意识，结果家长的"饱和式支援"会让孩子们在困惑之后，觉得自己可能就应该这样，碾压所有人而不必遵守规则和道德良心。这样做的坏处有两方面：

第一，这个世界除了家里人之外，没有人会使用相同的规则来对待他们，未来对他们而言也就显得格外苛刻。注意：这不是真的苛刻，是他们原来生存的环境条件过于优渥，一旦回归真实自然的环境，就会缺乏适应能力。

第二，父母的过度保护会让他们缺乏各种真实的能力积累，从学习成绩到社交能力，再到挑战困难时的心理素质，以及最宝贵的自主能力。他们因为被饱和式呵护，所以养成了凡事向外寻找支撑的惯性思维，无论是遇到困难还是遇到矛盾，自我效能感不是这些孩子的第一诉求，而是家长的无条件呵护和纵容。他们的大脑会建立这些寻求父母支持的神经通道，而缺失作为独立个体所需的各种自信通道、情绪自控通道和解决问题的方法通道。当他们成年之后，现实的世界不再百分之百如他们所愿，就会造成他们大量的痛苦、无助、失落和绝望。

表面上看，爱给满了；本质上看，娃养废了。孩子本来可能聪颖过人，却因为失去了宝贵的独立性训练而在后期非常可怜。

## 5 什么样的孩子会经历更多的试错曲折?
### ——放任型教养

读我们这本书的很多家长可能生于 20 世纪 80 年代,很多人小时候都经历的是专制型教养,遭遇很多无理的压制,受了很多憋屈和苦闷。也正因此,他们从小立志,"等我生了小孩,就放养,放纵他的天性,我就好好爱他就行了,让他自由自在、快快乐乐成长为一个完整而高大健全的人。"

放任型教养通常会出现同一个特征:缺乏基本规则。

放任型家长往往对成绩无所谓,不让孩子受上学的苦——反正将来也不需要你去上好的大学,不需要你去自己工作,我给你挣钱,我给你开工资,只要你高兴就行。不要说跟孩子一起度过学习的过程、复盘考试的得失,就连日常也不会要求孩子完成家庭作业。大家还记得前面讲过的基本规则吗?如果连基本规则都无从遵守,孩子在成长过程中又能建立什么准则来让自己健康成长呢?

除此之外，放任型家长还会尽量避免挑孩子毛病。在孩子做错事情的时候，家长并不能作为智者给困惑的孩子以必要的指导。他们希望孩子自己来尝试，充分发挥他们的自主性。这样做的坏处是，效率极其低下。孩子本来只需要向厉害的父母学习一下就能掌握正确的方法，却因为被放任不管，需要自己盲目尝试很多次，也未必能找到正确的结果。很多时候，还会受到完全没有必要的伤害。

放养是自由的，但不是快乐的。

因为真正的快乐，是来自目标 + 努力 + 成果，三者缺一不可。放任型教养的父母没有给孩子设定目标，没有帮助他们用更好的方法努力，没有给予他们在努力过程中所需的情感陪伴，孩子们即使有了成果的快乐，也为之付出了大量的试错时间和精力浪费，更重要的是在一生之中，孩子很难理解被陪伴的支持感和温暖感，也就很难学会用在其他人身上，客观上减少了他们的主要幸福来源之一。

# 6 总结：如何建立温暖而富有支持性的家庭关系
## ——选择最优家庭教养方式

有的时候，叛逆的青春期孩子可是真的让人头疼。他们倒也没有什么罪不可恕，但表现出来的眼神和行为举止，还有不咸不淡说的那些话，总会让家长感觉他们没有那么善良。我经常听到有些家长跟我诉苦，"相安无事的情况下，好好的态度跟他说句话，嘿！你看他的反应，小眼神儿瞟我一眼，爱答不理哼一句'哦'，三分像挑衅，六分像鄙视，没准儿还有一分是在恨我。遇到这种情况，我可是真的憋不住火！"

背后的原因可能家长并不愿意承认，这种充满情绪的对立很有可能不是就事论事的，而是积怨造成。家长对孩子一贯的表现不满，孩子也是因为此前很多情绪没有得到疏解而表现如斯。

为什么我建议从孩子上小学开始家长就应该读这本书，越早学效果越好？因为亲子关系不是一天、两天形成的，不是说家长和孩子产生矛盾的时候只需要下个命令,"儿子,从今天开始,我们就做一对好母子,我慈祥,你孝顺,我能包容你,你要听话,要乖,要努力要上进,好吗?"然后一切就转变成理想状况了。不是这么简单的。

孩子们不是机器,键入一条"do"指令就可以立即执行。他们是活生生的人,每天都在接收新的信息,每天都在适应环境,适应新的规则变化,慢慢在头脑中留存他们自己的储备,这里也包括对父母的感情和相处模式。所以想要形成比较好的亲子关系,应该从一开始就用心,要一点一滴都往好的相处模式和亲子关系去积累。

如果可以从早期就开始积累出优秀的亲子关系,那么孩子进入青春期之后的叛逆行为就会减少,让家长少费心,孩子自己也可以更快地变得强大而懂事。

# 第十章 人格同一性，破解青春期自我设定的迷茫与困惑

青春期对孩子们来讲，不是简单长大和学习的过程，而是一个解谜的过程。

在这个过程里，无论他上什么学校、吃什么饭、交什么朋友、听什么音乐、玩什么运动、跟爸妈怎么相处，在孩子们的内心深处始终有一个他们自己不知道的神秘任务，他们要解开一个谜团才能完成成长的过程。这个谜团就是——我要成长为一个什么样的人？

# 1 每个青春期都是一场重要的解谜
## ——人格的同一性

**这一章所有文章都围绕着一个主题，孩子的人格培养。**

孩子在家里的时候是孩子，走入社会就是一个独立的人。即使长大了还有爸妈罩着，在别人眼里也都是一个独立的社会角色，有强者，有弱者，有好人，有坏人。健康的父母心态，应该是把孩子培养成优秀的强者，不但自己能保护自己的安全，能解决生活和工作的所有问题，还能为社会做出贡献甚至青史留名。所以，如何培养出孩子优秀的人格，赋予他无比强大的核心算法和应变能力，就是留给父母的伟大任务。

其实，把孩子养到22岁，对父母来说就是要费23年的心。

从孕期开始，父母就要注意营养、休息和情绪稳定。这三项缺了任何一项，或者说任何一项是非健康状态的，都会对肚子里的孩子神经和大脑发育产生负面影响。

从婴儿开始，父母就要给足保护，给足营养，给足关爱，给足寓教于乐的有效陪伴。5~6岁以前的孩子头脑简单，虽然聪明，但爸爸妈妈给什么就学什么。孩子缺营养了就会身体不健康，缺爱了会导致**依恋模式**①不健康，对孩子长大之后双方的亲密关系造成严重影响。

从孩子们7岁左右上小学开始，家长就要处于一个外松内紧的"备战状态"了，因为青春期的确容易出问题，所以家长一定要有意识地未雨绸缪，理解孩子们的各种状况，做好包容、温暖、支持和引导的心理准备，因为建设起来千辛万苦，破坏起来却特别容易，一个不小心可能就伤痕累累。

这一章主题的内容可以帮助家长找到一个事半功倍、运筹帷幄的"主心骨"，即使前面讲述的细节原理和应对方法不能百分之百记住也没有关系，记住这一章里的总原则，应

---

① 心理学专属名词，表示一个人对其他人的情感判断和相处模式。每一个人都会有自己的依恋模式。其中，安全型依恋最佳，不会患得患失，很明确地知道自己拥有哪些好的关系，如何处理和享受好的关系，也很明确地知道哪些关系不属于自己，心态健康、稳定，自信且愉快。焦虑型依恋，会有强烈的患得患失，心态不稳定。有好的关系和收益的时候，会超级开心甚至夸张；关系紧张甚至疏离时，会产生严重负面情绪，要么抑郁，要么大吵大闹；关系平和的时候，会不断制造事端来寻求验证。

回避型依恋，不会患得患失，心态稳定，可以安心自处，自得其乐，但不敢动用真情投入一段好的亲密关系，害怕关系破损之后自己的情绪受到伤害而宁可逃避，会因为害怕而主动远离有风险的关系。

用在任何一个生气、郁闷、困惑、彷徨、纠结的时候，都能起到太阳的作用，给家长们指引方向、灌注能量。

**青春期对孩子们来讲，不是简单长大和学习的过程，而是一个解谜的过程。**

在这个过程里，无论他上什么学校、吃什么饭、交什么朋友、听什么音乐、玩什么运动、跟爸妈怎么相处，在孩子们的内心深处始终有一个他们自己不知道的神秘任务，他们要解开一个谜团才能完成成长的过程。这个谜团就是——**我要成长为一个什么样的人？**

这就是为什么偶像力量特别大的原因，也是为什么环境、陪伴者、引导者特别重要的原因。很多人因为青春期看了李小龙的电影，而一辈子努力想要成为第二个李小龙；很多人因为青春期看了足球赛，崇拜了某个球星，而全情投入到足球生涯中；很多人因为青春期看了科学史纪录片，从此立志参加伟大的科学研究并为此付出数十年努力。因为，那就是他们对自己未来人生的理解和期待，他们在青春期接触的每一个信息、经历的每一次互动、欣赏的每一个"仰视"，都在潜移默化帮助他们决定自己要成为什么人。

实际上，成年人做的每一件事情也都基本如此，比如，高考或考研你选择什么专业就读，就业决定在哪里上班，用什么方式应对领导和同事，付出心血谋求什么职位和发展，以及怎样选择心爱的对象，等等，都是在实现对自己的设定。

设定在先，实现在后。

心理学中称这种自我设定为**同一性**。

我相信每一个人都明白，如果这个自我设定是恰当的、优秀的，那么接下来的努力过程就不会浪费时间和精力，实现目标也会成为人生的强劲动力，实现目标之后才会体会到成功与幸福。

## 2 "我要成长为一个什么样的人？"
—— 父母能帮上忙的三件事

"我应该是一个什么样的人"这种问题，在宝宝期间的孩子们是完全不会考虑的，因为那个时候的他们心里只有一个标准——"我只需要做好爸爸妈妈的好宝宝就行了"。到了青春期，孩子们的身体和大脑趋近成年人，所处的环境也比家庭复杂很多，在他们性能强大而又不够成熟的身心中就会充满这个问题。孩子们尽管不一定意识到解谜任务的存在，但的确会不断地问自己这个问题。这种对自我的质疑在发展心理学中称之为"身份的迷茫"，也叫作"同一性混乱"。

父母在孩子青春期过程中，其实只需要做好三件事，就能帮助孩子完成这个解谜的过程，让孩子成长为健康而强大的人格。

第一，父母要接受孩子们的种种迷茫和因为迷茫而产生的轻微失控。接受二字，说起来容易，做起来未必。说白了，有些时候你看不上孩子的地方,不是因为他变差,只是因为他迷茫,他不知道,他不确定,所以别大惊小怪地折腾就好。能做到这一点的就是非常棒的父母了。

第二,要帮孩子们设定大的行为规则。第一条里的轻微失控是可以接受的,小混乱、小慌张、小错误没有问题,但是大规则他们不懂,也不可能全都靠学校来教会,这一条只能父母来。父母要帮助孩子们建立正确地和这个世界打交道的行为边界,比如不能违法犯罪,不能伤害自己,遵守公共规则,保持学习和改错,等等,这些大的规则必须帮助孩子建立起来。

第三,大规则不犯错,小地方有迷茫和失控是非常好的机会,家长可以借机去植入正确的思路和观点,并借机引导他们走向更优。借着他们会有各种不懂,有各种向好之心,有各种迷茫和失控,把家长希望他们学会的本领教给他们,这就是聪明的父母会做的事情。

# 3 最佳状态：理智自信，想不强大都难
## ——同一性获得

我们先来做一个测试。

第一题：假设有一份可能更好的工作，你认为自己放弃现有的工作去选择新工作的意愿有多强？

A. 我会认真收集信息，确定新工作是否更优，确认更优就更换。

B. 现在的工作我很喜欢，我觉得各方面都挺好的，不用换。

C. 我现在不能确定是否要放弃，现在看着更好，万一不好了呢？

D. 无所谓，真赶上了就换，没有那个命瞎折腾反而会倒霉吃亏。

可能大家看完题目都知道标准答案应该选 A，但是在现实生活中大家的选项并非如此统一。不知道各位会选哪一项？

A 选项的特征是：有信心，尊重事实，接受变化，寻找更优解。

B 选项的特征是：有信心，观点稳定，不轻易变化，固执但风险低。

C 选项的特征是：不确定现状，不确定未来，做决策时抱有希望但犹豫。

D 选项的特征是：随波逐流，缺乏目标，缺乏动力，不关心外界变化。

同一性分为四种不同的状态。

第一种叫作**同一性获得**（Identity acquisition）。

基本状态就是 A 选项所代表的状态。同一性获得的人格对自己的现状非常了解，不但了解优势所在，也了解劣势和风险所在，能够很客观地接受自己的真实现状。所以，这类人也敢接受新鲜事物，积极迎接新的变化并不断寻找自己的改进机会，擅于做出合理决定；哪怕结果并不如意，也会很有担当地承接责任，在错误中寻找再次优化的可能性。

这种人格特征拥有踏实而稳定的自信，不会被外界环境轻易干扰，又能比较准确应对外界的变化，吸收有利的，屏蔽不利的，头脑聪颖灵活，承受压力的能力强，目标坚定，执行力跟得上意志力。

这种状态，需要父母对孩子经年累月有意识地培养，采取权威型教养方式，鼓励孩子在不同年龄段做力所能及的决定，让孩子尽可能深度投入、克服困难，接受成功的喜悦，也接受失败的遗憾。在讨论观点的时候，父母能够倾听孩子的想法，能够让他讲出自己的意见，不强迫孩子必须接受长辈的观点，而是尽量用"更优化"作为决策的判断标准。

有些时候，孩子看得不如父母那么透彻、那么远，需要亲身体验才能证实真伪对错的时候，父母也舍得让孩子去亲自体验，同时加以必要的保护和辅助，尽量给孩子充分的自主思考和决策权，引导孩子从蒙昧混乱逐步走向清晰合理。这需要父母付出巨大的耐心和智慧，是最辛苦的培养模式，但也的确是效果最好的培养模式。

在这样的培养过程中，其实一切都尽在父母掌握之中的，只不过孩子小的时候感受不到。

如果孩子想出来的决策是明显错误且有危险的，父母会用更优方法验证给他看，启发他新的思路，摒弃低劣的想法。

如果孩子想出来的是模棱两可的方案，父母会允许他表达、争论，甚至父母可以在争论中战略性撤退，让孩子用试错的过程来修止认知，包括父母要接受失败的结果和体会孩子的情绪。

如果孩子想出来的是正确的思路和决策，父母会充分尊重孩子的想法，鼓励他独立完成，提供必要的帮助和指导，共享成功的喜悦，即使失败了也有机会一起再战，心往一块想，劲往一处使。

如果孩子想到的是更优的决策，父母会表达惊喜和敬佩，鼓励孩子继续保持学习、更新和更优化思考。

这样教育出来的孩子，想不强大都难，他们一定务实、积极、自信、阳光开朗，同时又谦虚谨慎，拥有很好的社交能力。所以，这种同一性获得的结果应该是家长的首选目标。**让孩子有本领、有自信，乐于接受新鲜事物，敢于做决定，做决定之后有担当。**

## 4 第二种状态：固执己见，对强者顺从
——同一性早闭

第二种叫作**同一性早闭**（Premature closure）。

早闭，就是过早闭合了，或者闭合的时机太早了。这个早，不仅仅是指年龄小的"早"，更是泛指在更多有价值的信息到来之前就自顾自地"早"闭合了，容易把所有有价值的、好的信息挡在门外。

判断一件事情应该尽可能多地收集有效信息，用事实、逻辑、比对来进行相对最优的决策。过早闭合就是还没怎么收集就形成判断，不再接受任何新的事物，开始认死理，这是开放度不够高的经典表现。这种人习惯直接按照自己的偏见或者思维惯性做出决定，拒绝优化和更新，不关心事实，刻板地相信自己的感觉。很明显，一个人的思维停滞在封闭的、自我的、固定的圈子里，很快会被不断变化和更新的世界淘汰。

同一性早闭的人很多都是在小时候接受了强势父母对自己的生活安排，而且往往父母安排得还挺好，可惜缺乏孩子自主决策的学习过程。他们会知道一些方法和结论，并坚定地相信。举个假设的例子，如果有个人从小接受这样的家庭教育，认为凡事烧香拜佛或者口念咒语就能解决问题，而且他亲身经历的也的确有很多"有效"的体验，再加上文化和思维方式的灌输，就会深信不疑，以迷信方式作为解决问题的万能钥匙。但他不知道的是，父母在那些封建迷信的仪式和解释背后动用了其他的资源、力量，还有自然规律和社会力量的影响。这样的早闭会让他很自信，也可以很开心，但是遇到困难的时候就不会寻找其他解决方案，而仅仅依赖所相信的无效祈祷和跪拜。

当一个同一性早闭的人的观点被质疑的时候，他容易变得非常偏执，固执己见。他和家人的关系往往非常紧密，因为思维模式相同，而且习惯性地表达对父母的顺从，这是从小积累出来的。他们还会在自己长大之后，习惯性服从一个非常强有力的、从不接受不同意见的领导者，无条件服从。**本质上，过早的封闭不是因为坚定，而是没有能力或者不敢去接受新的信息，不敢去细细地、深深地思考，更多倾向于将自己的认知凌驾于客观状况之上。**

我们特别讨论的是孩子进入青春期之后，同一性形成早闭的可能性，也就是在他们还年轻的时候就形成了慕强心理，缺乏尊重事实的能力和独立思考的能力，这样会让人进步减缓甚至停滞。现实中，有些人在青春期后期形成早闭，换一个开放的、充分讨论的、充分验证的环境，还能再重拾学习和优化，但也有些人可能一直到老还保持早闭，常用的口头语就是，"你说啥都不管用，我的是最正确的"。这种状态会让人进入恶性循环，越固执越错误，遇到错误又不能解决，只能抓紧自己有限的认知这根救命的浮木，无力改变。

# 5 第三种状态：犹豫不决，认真却没主见
## ——同一性延缓

第三种状态即**同一性延缓**（identity moratorium）。

这类人会认真收集各方面信息，认真地思考，认真地比对，但是犹豫、彷徨，迟迟不敢做决定。有点像我们日常所调侃的"选择困难症"。当他们经历压力和挑战的时候，面临进退取舍考验的时候，越是重要的决定越迟迟不敢下。

当他们还是青春期的孩子时，跟父母的关系可以很好，也有独立思考的过程，也不会一味地服从父母指令和建议。他们可以很自信、活泼、严谨，但是也会伴随着大量的焦虑和恐惧，并没有经历过充分的"吃一堑，长一智"的打磨过程，始终是在父母潜移默化的保驾护航中进行大量思考和取舍，缺少独立决策的体验和能力。

有些男孩成年之后谈恋爱的时候，总是对女孩表达得特别好，态度非常认真，想得也多，小到买什么礼物、去哪里

旅游,甚至会考虑到什么时候结婚、婚后如何养育小孩,等等。想法虽然丰富,但就是不做出郑重的承诺,要依靠女孩的决断,或者第三方的力量来做出某种"保证"之后,才敢于决定。

每个人在不同的人生阶段,可能都会有这样的状态,有犹豫和彷徨的时候,但现实的成败和得失会让大部分人最终成长为同一性获得的好结果。正常的过程基本上都是从同一性延缓成长为同一性获得,所不同之处就是时间的长短和完善的早晚。当然,也有人是一辈子都始终处于长期犹豫彷徨的状态,不敢做决定,因为他的身边总是有人存在,既能保护他的自尊心和良好感受,也能保护他不受伤害的结果。如果这些护佑者一直存在,就会让主人公成为终身的同一性延缓。

## 6 第四种状态：不要压力，不要变化，不要负责
—— 同一性扩散

最后一档同一性水平叫作**同一性扩散**（identity diffusion）。这个词是硬翻译过来的，不太形象，也不太好理解。更直接的解释是没担当，遇到压力无所谓，觉得不重要，也不愿意面对压力，不愿意面临挑战和变革，更不愿意去负责任。他们不会去认真收集数据、思考逻辑，也尽量不做出任何承诺。究其原因，是这样的人不太自信，所以不合作、不参与、不负责。

通常同一性扩散的人格主体小的时候都是被忽视放养的，而且不是那种放手大胆尝试的放养，是冷漠的放养。他们往往不太快乐，经常会感受到孤独，又因为没有父母支持，所以常常会遭受打击和失败。久而久之，他们习惯了失败和失望，习惯了得不到，也习惯了少付出、不负责。

上述四类同一性状态，如果忽略掉专业词汇的束缚，大体上可以记忆为：最优人格、低开放度人格、决策迟疑人格、低尽责度人格。再直白一点可以记忆为，健全人格、死心眼、没主见、没担当。而健全的人格恰好等于聪明好学、有主见、有担当。大家可以想象一下，如果你培养的孩子能够保持开放的思维，时刻学习新东西，时刻更新更优的知识储备，遇到复杂的问题能够做出优化决策，那么大概率会获得成功，即使出了问题也不甩锅不逃避，很有担当，知错就改再进步，是不是这样的孩子一定很优秀？

还别说孩子，就是成年人里，能够做到上述三点的人也并不常见，大部分人都或多或少有开放度、决策力和尽责性三个方面的问题。

如果你的孩子现在处于15～16岁的青春期后期阶段，你可以尝试着观察和评估一下孩子现在的人格同一性处于什么状态，趁着他们还"在手里"，还可以有意识地进行引导和调整，尽量让他们取得三个方面的进步，获得相对成熟和完整的人格同一性。

## 7 困惑：突然开始撒娇卖萌，越长越小了吗？
——同一性混乱

青春期期间，孩子的同一性不会是线性增长的过程，可能出现各种反复和变化。

有的时候，青少年会回退到宝宝的状态，用来回避矛盾或者寻求保护，因为他们遇到了以自己的能力不能解决的困境。有些家长会发现自己家十一二岁的孩子，突然有一天变得奶声奶气娇滴滴，也可能是不断地表现可爱，这就是回退。另一种情况则相反，有的时候青少年会特别冲动地做一些欠考虑的行为，突然非常自大且态度不好。

如果青少年和父母之间没有长期矛盾，他们的行为也没有破坏行为边界的底线，而且不是一贯的，那么无论是哪个方向的变化，都属于他们对自己身份的迷茫。**心理学家称这种迷茫和表现为"同一性混乱"**。在同一性混乱阶段（会过去的），孩子们既不知道自己具体应该怎么做，也不知道将来应该成为什么样的人。这件事急不来，只有在经过大量的行动、感受和反思之后，最终每个孩子都会形成他们自己的那种同一性，找到他们自己应该是一个什么样的人的答案。

**对于人类的心智和情感成长而言，信任特别重要。**婴儿期的宝宝能够信任别人（有可信的人在身边）并取得良好互动，会极大帮助他们健全情感功能和神经系统发育，也会让孩子变得聪明、开朗，这也是非常重要的。进入青少年期之后，他们开始以自己的角色来迎接这个世界，青少年的所作所为能换得他人的信任更加重要，因为他们面对的任务就是恰当地处理好与这个世界的关系，以及恰当地从这个世界上获取自己的资源。

青少年会把信任的对象从父母开始延伸到老师、同学以及自己的恋人，在和他们的交流分享过程中，青少年能够通过了解不同人的看法和想法，并以此为标准来不断地完善自己的人格。所以我们前面讲过的去交朋友、去恋爱，去好好参加社交活动等，其实是有利于他们完善人格的；一直圈养在家里的只能始终是个宝宝，是单纯、幼稚、容易有挫败感、不够强大的宝宝。

能够找到"自己究竟应该成为什么样的人"的答案，青少年将来才有能力形成非常好的社交关系，也对他们所爱的人，对朋友、对同伴都能够保持着忠诚、信任和归属感，这种和外界的良好关系，甚至是一个人一生中最为优秀的品质。

无论成年后做程序员还是做舞蹈家，无论是当演员还是当科学家，能和周围的人形成非常好的关系，才是一个人生活品质和情绪健康的保证。

<u>一旦找到"我应该成为一个什么样的人"的答案，就会让青少年的心智和行为变得非常积极、稳定，具有比较强的抗压能力。形成某一种价值观，构建好某一种意识形态，从事一项长期创造性的研究，或者找到某个具有强烈归属感和认同感的种族群体，都可以帮助他们寻找自我，帮助他们定位自己的角色，帮助他们形成稳定的社会关系链。</u>

所以，希望家长用一种开放宽容的心态，让孩子们来尝试，允许他们试错，在迷失和纠结的地方给出更多引导，而不是简单地命令和粗暴地干预。

生活里，事情可能有大有小，情绪可能时不时就会冲上头脑，尤其是很多细碎的因素一下子顶在家长和孩子之间的时候，家长也没有办法保证处理好每一次矛盾和冲突。细节把控需要家长和孩子们设身处地具体处理，我们给大家提供一个宏观的方向和框架建议，遇到任何问题，如果不知道该怎么处理了，不知道该如何应对孩子的"意外状态"，只要按照接下来的框架和方向进行把控，一定能取得很好的结果，让孩子养成健康的人格特质。

## 8 总结：如何培养出三位一体的优秀人格？
——开放度 + 做决定 + 担责任

父母不同的教养方式会对孩子的人格同一性有很强的影响，俗话说"什么样的爹妈，养什么样的娃"。

如果平常以鼓励孩子为主，允许孩子表达不同的观点，并且跟孩子进行平等的探讨，这样的父母容易培养出**同一性获得**的孩子。孩子接受的信息多，有自主思考的机会，每做一个决定之前都会充分思考，有空间让他做出比对和更优化的合理决定，他们的人格就会得到高水平的发展，有很踏实的自信，有很充分的自尊，能够应对变化和压力，能够跟任何人建立适当的亲密关系，最终成长为非常棒的人。

如果父母过度卷入孩子的生活，时常干预他们的思考和决策，甚至替他们做决策，且孩子和父母之间不允许表达不同的观点，不允许进行充分的讨论，就容易造成孩子的**同一性早闭**。孩子的头脑会被培养成封闭型思维，失去处理复杂变化的能力，容易抱残守缺，缺乏解决问题的能力。这种"独裁"式的教养方式会造成孩子一成不变的简单化思维，也容易形成对权威的习惯性服从，容易有依赖感。如果有他们看不起的人来提出不同意见，还经常容易发脾气。不幸的是，他们会习惯性看不起任何提出不同意见的人，直到发现这个异议者很强不好惹，他们就会立刻习惯性服从认怂。

父母经常跟孩子争辩，会让孩子常常陷入困惑和彷徨，吵得严重的还会激发孩子自我怀疑，尤其是争吵最终没有一个明确的结论，这种环境就会造成孩子的**同一性延缓**。吵得深就是想得多、表达得多，还能够吵而不是压制，就说明父母没有想用权威压制（或者是没做到），但这样的环境会让孩子想法杂乱，不敢做出最终决定。在决策的时候他们会表现为极度焦虑，担心发生新的变化，因为新的变化会让决策因素增加，变得更加混乱。当然，孩子的优点是头脑足够复杂，有很强的思辨能力，不怕吵架，就怕做决定。

如前所述，如果父母放任孩子自由发展，对孩子点点滴滴的细节并不关心，日常态度是冷漠和忽视，只保证基础温饱而对孩子的情感变化和教育变化不操心，会导致孩子的自我发展水平比较低。因为缺少优秀的参照者打样，孩子自己经历困难的时候会非常吃力，认知能力和自尊心都很低，未来的社会合作能力也会比较差。

做父母责任重大，稍有不用心，可能会毁了孩子的一生。

# 第十一章 大五人格——培养孩子优秀人格的参考体系

尊重他们的内外向天性,扬长避短;

培养孩子高宜人性的习惯和能力,得道多助;

培养孩子高尽责性的意识,变成最可靠的人;

培养孩子思维方式的高开放度,加速变优秀;

培养孩子接受和控制自己情绪的能力,少受伤。

这就是心理学里非常著名的人格体系——大五人格,也是心理学界公认的高效度人格特质分析模型,我们在这本书的最后向大家推荐作为培养孩子人格的参照体系。

# 1 找到主心骨：培养孩子的五大方向
## ——大五人格体系

这本书，建议家长在孩子的青春期之前就开始读，从儿童期的亲子关系开始有意识地进行正向积累，让孩子们一直能够感受到充分的信任和关爱，培养他们良好的习惯和价值观。

这样一到青春期的时候，孩子们虽然变化巨大，但基础的尊重、信任和支持都已经稳稳地铺垫在他们心底，即使他们情绪会异常、行动会失控、人格同一性会短暂混乱，家长也能容得下、包得住、拎得清。即使有了矛盾要吵架，也能够在彼此信任和向好的框架里进行充分交流。儿童期的积累和青春期的攻坚克难对于孩子和家长来说，都非常重要。

请各位用心、负责的家长给自己一个清晰的定位。要成为温暖而富有支持性的家长，不要野蛮强势，不要漠不关心，不要处处溺爱帮扶，而要用博大的胸怀和强大的耐心，笑着帮助孩子们成长。其实，青春期的孩子仍旧是孩子，一切都在你的"统御"之下，只不过要求家长要用智慧而非"镇压"的方式来和孩子们相处。在遇到生活里千丝万缕的麻烦时，请大家先默念五个词：<u>内外向、宜人性、尽责性、开放度、情绪控制</u>。用不了一分钟的时间，我们就能从纷繁复杂的局面中冷静下来，找到处理问题的方向和框架——那就是把孩子朝着以下五个方向来培养：

尊重他们的内外向天性，扬长避短；

培养孩子高宜人性的习惯和能力，得道多助；

培养孩子高尽责性的意识，变成最可靠的人；

培养孩子思维方式的高开放度，加速变优秀；

培养孩子接受和控制自己情绪的能力，少受伤。

这就是心理学里非常著名的人格体系——<u>大五人格</u>，也是心理学界公认的高效度人格特质分析模型，我们在这本书的最后向大家推荐作为培养孩子人格的参照体系。

## 2 优势成长，尊重孩子的内外向天性
### ——扬长避短

更多的家长认为，孩子外向一点好，能和人打交道、处理关系，将来在社会上不会吃亏。这其实是一种误解。因为从 20 世纪 50 年代开始，全球的生产、制造、研发、销售等经济活动中，销售环节非常重要，销售人员收入普遍偏高，所以能说会道的外向性格会让人很容易和获取财富、生活优渥联系起来。其实，从 2000 年前后开始，科技研发成为全球经济的新增长点，尤其是互联网和移动互联网的发力，更是大规模革新了全球经济形态。

过去 20 年，创造财富最多的人已经不是销售人员，而是研发人员和科技人员，凭借互联网平台风生水起的文学工作者、艺术工作者、教师等内容生产行业也繁荣起来。因此，我们时常听说，有程序员创业实现财富自由的，有作家、能源专家、通信专家等各种专业技术人员成为社会头面人物的

案例。

所以,内向和外向,没有必然好或者必然糟糕,家长心里要知道的第一件事就是,这两类人格特质各有所长,都拥有成功的机会,但也各有局限性,所以在培养孩子的时候要注意尊重孩子的天性,扬长避短。

**外向不等于能说会道**

从心理学的角度讲,外向的经典表现就是和人打交道不累心。

外向的人在遇到陌生人的时候,不但不会焦虑和退缩,还会很愿意尝试一下建立新的关系,看看这段新的关系中是否有自己需要的快乐和资源。他们并不担心其他人会挑剔和审视自己的一言一行,事实上这种情况也很少发生在陌生人之间,大多是内向者自己给自己设定的警戒线而已。

外向的人并不一定都能说会道,他们只是愿意花时间在人际交往和关系维护上,并能享受其中的快乐。外向的人也不一定能和所有人交往良好,遇到麻烦和冲突,他们只是会比较坦然地选择进退得失,而不会更多聚焦于自己是否被别人评价。在一张桌子上吃饭聊天的时候,外向的人并不期待自己说的每句话都是有意义和重要的,其他人的反应和氛围才是他们的目标,所以很多水话和客套话,还有很多传言和八卦，他们都能信手拈来为己所用。

外向有两个深层本质，第一是对时间价值的设定，他们认为和别人相处的时间更具价值，也许是合作，也许是竞争，也许是陪伴，都好过自己独处的时候。第二是他们的大脑更擅长网状信息储存和处理，更擅长关系的分辨和判断，这是一种思维模型的倾向性，也是他们和人打交道不觉得吃力的"硬件原因"。但也恰好是因为上述两个原因，他们不擅长深度思维，不情愿进行垂直的线性思维，所以让他们成为某个领域的知识专家，对他们来说是痛苦的。

**内向不等于木讷不自信**

从心理学的角度讲，内向的典型特征是更愿意自己和自己相处，可以想很多事情，可以集中学习，可以抚慰自己的情绪甚至疗伤，而向外去和人打交道则是一件需要专门"花心思"来应对的事情。

内向的人遇到陌生人需要交往的时候，会自动进入"警戒"模式和"局促"模式，会担心他人产生不良评价，即使别人是报以热诚和恭敬而来，他们也会觉得并不踏实。他们并不希望多说话，因为他们觉得自己说的每句话都应该有意义，因为没有必要所以不说。在一张桌子上吃饭聊天的时候，他们可能会觉得无聊，如果有个需要专注解决的问题倒还好，他们能有良好的思考和观点，如果没有这么一件"正经事"的话，他们多半可能会走神，比如看看手机、想想自己的事情。当有需要的时候，内向的人完全可以面对公众侃侃而谈，大方得体，因为他们心里有个更大的目标。像苹果公司的乔布斯、腾讯公司的马化腾等人，都是典型的内向者，却并不缺乏优秀的表达能力和交往能力。

内向的两个深层本质，第一是时间价值设定，他们更愿意把宝贵的时间留给自己，学习、思考、训练、阅读、感受，什么都好，而让他们出去跟外人打交道，一定要有一个比自己待着更大的价值才能激活他们的任务感，否则就会觉得浪费时间。第二个本质是，内向者的大脑更擅长线性思维和深度思维，而对于平面展开的过多关系感到吃力，需要专门打起精神才能应对。

因此，家长应该仔细观察孩子的内外向天分，不要过分按照某种偏见来强行扭曲孩子的内外向特质，而应该根据他们的天分进行扬长避短。内向的孩子可以训练公众表达和得体交往，但不是必须训练成"人来疯"，因为他们内心深处看不起这样的时间价值；外向的孩子可以训练深度阅读和逻辑推理，但不是必须训练成数学家或者文学家，因为他们更擅长和人打交道，从人际关系中挖掘价值。

# 3 高宜人性，获得和谐的关系与富足的内心
## ——社交能力

宜人性是社交能力的一项重要特质。高宜人性特质的人，外在表现是会让打交道的人如沐春风，感觉非常舒服。他们会非常周到，既不谦卑也不高傲，会主动替对方考虑很多感受，从言谈举止到迎来送往的细节，从积极主动的态度到热情真诚的回应，所有这些都不需要刻意伪装。

需要特别注意的是，这里提到的"刻意伪装"也可以实现上面的这些描述，比如有礼貌、笑容可掬、鞍前马后、耐心、关心这些都有，所有这些如果都是为了完成任务，是完全可以特意训练出来的，就像大型运动会开幕前礼仪小姐为了表达礼貌和愉悦要含着筷子训练笑容一样。虽然外在表现很好，但很有可能仅仅是为了完成任务而施展的"假宜人"。

真的高宜人性，是一种思维模式，愿意对方舒适、方便、开心，愿意保持双方的良好互动关系，愿意为了实现这些目

标而让自己多操心、多劳作、多付出。在高宜人性的人看来，这些多的付出都是值得的、愉快的，而不是为了换取什么。有的时候，看到路过的快递小哥满手货物，顺手帮他开一下门并让他先过，这种无意识的习惯就是高宜人性的经典表现。

高宜人性和好好先生完全是两个类型。好好先生之所以到处讨好别人，是因为他们怕得罪人，怕别人认为他们不好，所以是出于恐惧而做出的行为。高宜人性是真心希望给别人提供方便、帮助别人，让别人轻松、安全、开心，愿意保持双方良好的关系，所有行为是出于愉悦情绪和良好习惯，以及积极的期待。

但高宜人性不是对所有人都表现出帮助、宽容和热情，事实上也不可能。只要不是你死我活的对立关系，哪怕是公平竞争的对手，高宜人性的人都会尽量避免不必要的摩擦和伤害，对待中立的人和亲近的人更不必说。如果要举例的话，我敬慕的周恩来总理，就是非常经典的高宜人性人格特质，几乎对所有人好，人先己后，细致周到，替人替事操碎了心，鞠躬尽瘁，使身边的人都能从点点滴滴感受到温暖、安全和敬佩。

反之，低宜人性的表现则非常明显——自私。他们更愿意为自己考虑，为了自己的利益，不惜损害别人的利益。生活里的小例子比比皆是，比如不排队，不按车位线好好停车，把自行车随意停放，在楼道等公共区域堆放杂物，半夜唱歌跳舞，别人干正经事时大声说笑干扰等，不胜枚举。至于恶语相向、欺行霸市、违法犯罪，更是典型的极端低宜人性，无须多言。

比较常见的自私是损人利己，即损害公众利益或者对方个体的利益，满足自己的需求。更严重的，也是最差的自私是损人不利己，没有什么物质、名誉之类的获取目的，就是损害别人，看别人倒霉难过，自己就能开心。这种人往往会干出一些莫名其妙、很难预判的破坏性行为，实施无差别的捣乱或者伤害行为，他们往往都是满心的不如意和反社会倾向，造成的危害可能更大。大家可以仔细想一下你们身边有没有这样的人，小到不遵守交通规则随意闯红灯过马路，大到诬告、栽赃、陷害、排挤、造谣、嫁祸等阴谋诡计，这些人都属于低宜人性特质，为了满足自己，不惜牺牲别人的利益，而且往往采取不合理的措施。

家长一定要注意培养孩子的高宜人性。不是无条件付出，不是不分是非黑白赔笑脸、只说好听的话，而是注意培养孩子遵守公共规则的意识，并且要把它作为行为边界的下限来执行，更要培养孩子替别人着想的意识，能考虑到其他人的感受，能预判到自己的行为会引发的结果，能"学有余力"地帮助和照顾自己愿意接纳的人。

表面上看，高宜人性会让人比普通人有更多的付出，更辛苦，成本更高，但本质上却会让孩子获得更多更优秀的资源，既包括收入、关系、地位，也包括幸福的心理感受和健康的情绪，以及自信和乐观的长久心态，后者是非常难得的人生收获。

不触犯别人的合理利益，不触犯公共规则，会保护孩子的安全。自私的人可能会短期占点便宜，但很快会引发所有人的排斥和反感，在这个高度分工和协作的文明社会中，占所有人的便宜就是断了自己所有的发展通道，让自己越活越窄，失去很多机会，且并不会因为占点便宜而产生幸福感，反而会越来越焦虑，越来越极端，直到苦闷压抑在胸，无法回头。

力所能及地、"学有余力"地帮助别人、照顾别人、关心别人，是发自内心的一种习惯和意愿，是对世界拥有美好期待才会做出的自然而然的举动，在做的时候心胸就坦荡，也不求别人的口头感恩或现实回报。但是，潜移默化之中，如果你是一个有资源可以分配或共享的人，你愿意分配给谁呢？在这个错综复杂的世界中，那么多人、那么多资源无时无刻不在分配（客观上也需要不断分配流转），高宜人性的人自然是拥有更多机会得到良好资源的人。自己内心光明愉快，身边关系温暖和谐，又有大量发展机会，这就是高宜人性的必然结果。

最后，再告诉大家一个小秘密，高宜人性的人会非常容易分辨出身边的人，谁是同样高宜人的，谁是客气的"假宜人"，谁是自私的"低宜人"。正如我们前面所说，高宜人性不是对谁都"好好好"，当他们清楚识别这些人的特质之后，能够提高自己的社交效率，避免跟某些人过多耗费时间和精力，也不会被假象所欺骗，能很大程度上提高自己的情绪感受和生命质量。反之，低宜人性的人因为过于自私，除了各种人际关系紧张高压之外，还会大概率为了求利，而被比他们更坏的人欺骗和利用，当作耗材榨干抛弃，生命质量往往很差。

所以，请家长们一定要尽量培养孩子的高宜人性，既包括思路，也包括能力，最有效的培养方式，不是说教，而是以身作则，让孩子们亲眼看到、亲身感受到高宜人性的舒适和魅力。

# 4 高尽责性，成为值得信赖的人
## ——信任感

尽责性是对自己的行为有责任感，有担当，在我们前面讲过的同一性中占据重要的地位，是必不可缺的一种人格特质。

尽责性高的人，是非常可靠的人。

尽责性高主要表现为三个方面。

第一，对自己应该参与的事情积极主动，不逃避，不后退，愿意全情投入。

第二，在参与的过程中会求真求好，仝心全意努力做到自己的最好，担负自己应该担负的责任。

第三，在结果出来之后，坦然接受经验和教训，如果有不成功的地方，主动承担责任，不甩锅，不逃避，而是积极分析问题，找到可以改进的地方，以利再战。

大家可以想想看，如果你是领导，你的员工拥有上述品质，你是不是很愿意把更多更重要的任务交给他，是不是愿意这样的人获得更多的机会、掌控更多的任务？

为什么？可靠。

而且，因为尽责性高的三方面体现——积极主动参与，好好干，勇于承认错误并改正，使得尽责性高的人不但可靠，能力也不会差，会自动实现一个能力的螺旋式上升，进而让自己拥有更强的实力，来承担更好的资源和任务。

反观低尽责性的表现，也对应着三个阶段。

在行动前，对该自己参与和负责的事情，不积极，不主动，往后退，往外推；常说的话是"我觉得没意思，没必要，没劲"，或者是"这可是你让我干的，你自愿的啊，我可没上赶着"。

在过程中，不求好，瞎凑合，能混就混，比较明显的表现是浑水摸鱼、消极怠工、以次充好；还有一种伤害性更大的，就是瞎指挥、瞎折腾、不计后果乱来，只为显得自己很忙、很重要，却不管任务最终的效果和同事们的无辜损失，这些都是低尽责性的表现。

行动后，如果结果好，沾沾自喜拉功劳；如果结果不好，就想尽办法推卸责任，甚至为了保全自己不惜推别人顶罪。诸如"这点小事儿怎么了，至于吗？"或者是"跟我有什么关系，我可是拼尽全力的，这结果又不是我惹的"是他们常见的口头禅。因为不接受现状、不承担责任、不改正错误，他们往往也是低开放度的人，进步缓慢，甚至思维固化，缺乏自我优化的能力。

我们都不愿意身边有低尽责性的人,因为很明显,事情放到他们手里是靠不住的,容易造成内耗和损失。

所以,每一个手握资源的人都希望把事情交给负责任的人来完成,把更多的权力和更好的资源交给可靠的人来创造更大的价值。因此,高尽责性的人才有机会获得更好的发展机会,也更有机会实现自己的人生目标。

## 5 高开放度，接受更优才能不断前进
——思维模式

高开放度是指思维模式的开放度和接收信息与迭代信息的开放度较高。高开放度决定了一个人的学习能力和进步空间，也决定了他和其他人以及这个世界的交互效率，甚至能够决定一些特定的人际关系，是一个人重要的基础人格特质。

高开放度的人拥有好的基础自信，愿意大开言路，接受不同的意见和新鲜的知识。在接收之后，会和自己头脑中储备的知识进行比对，以事实为依据，以科学为准则，抛弃偏见进行判断。如果新的信息禁不起推敲就放弃，如果新的信息更优，就替换掉自己原来的储备，进行迭代升级。无论是学习还是决策，都能在这个接收、比对、判断、迭代的循环过程中，不断朝着更优的方向前进。这样的过程，也会让人拥有更好的自信，因为他们的新头脑的确能解决更多的问题，能用更优的方式应对这个世界。

在这个过程中，很多人会顾及面子。所谓的"面子"，也就是其他人的评价，评价好就是有面子，评价不好就是丢面子。很多人怕的就是自己万一承认错了，承认自己知道得少，承认自己是弱的或老旧的，会被别人看不起，也就造成了他们的开放度封闭过早。

对，开放度就是我们前面讲过的人格同一性中的另外一个重要因素，而缺乏高开放度，就会造成同一性早闭。其实，面子是虚幻的，也许短期内能凭借着"传说"带来些便利，但本质不是凭实力。明明错了却不认，不尊重事实、故步自封，才是真的让人看不起，甚至看笑话的状态。

低开放度的经典表现就是听不得不同意见，听不得自己错，即使真的客观上错了，也不认错。因为头脑长期封闭，所拥有的知识储备老旧、错误、偏执，更加不敢打开自己面对这个不断进步的鲜活的世界，所以他们不但自己不认错，还会想办法扭曲、逼迫别人的想法，不许别人跟自己不一样——要落后谁都别跑！

典型的低开放度表现除了不爱认错之外，还有不尊重事实，喜欢用身份、立场、权力、经验等简单粗暴的方式来进行决策，不肯睁开眼睛面对实际情况。因为爱面子，容易被吹捧，也容易记恨那些不给面子的人，因此对于那些意见不同的人往往带有很强的敌意和攻击性。一个人一旦进入低开放度的状态，就会停止学习和迭代，失去进步的可能性，也会跟大多数认知正常的人很难相处,因为意见不同,低开放度的人提供的意见往往会大幅干扰进度、降低效率,给其他人的正常进度和效率造成伤害,不会拥有很好的社交关系。有些低开放度的父母甚至连和自己子女的关系都搞不好,因为自己太过偏执和"暴力",甚至会毁了孩子一生的合理安排和幸福。

　　家长一定要注意从小培养孩子的高开放度,让他们尊重事实,有勇气接受错误、改正错误,对新知识保持兴趣,对不同意见保持关注,不断学习,不断优化,提升能力。这样的孩子才能真的积累优秀素质,解决复杂而具有价值的问题,还能被更多优秀的人喜爱,这些人之间的交流和分享质量更高。高开放度会让孩子未来的生活质量保持高水平和好的享受,也能体会到更多的幸福感。

## 6 控制情绪，不惧怕任何困境
——情绪控制能力

人的大脑并不都是用来思考的理性机器，还有负责快速响应环境的情绪机制，以及与脊髓配合，自动对烫的、疼的感受产生反应的生理机制，这些都是大脑中客观存在的功能区域。人类因为有情绪机制，才能更好地综合应对环境和压力，但前提是要平衡大脑中的这些功能。

之所以要培养孩子的情绪控制能力，不是要遏制孩子的情绪，甚至消灭孩子的情绪，让他们变成机器人。提倡冷静和理性的原因很简单，我们现在面对的压力并不来自天敌，不是来自猛兽，不是随时面对着死亡和受伤的生理困境。我们现在面对的压力主要来自社会性事务。事务越重要，牵扯的利益越多，涉及的人越多，就意味着事情中所含的规则越复杂，层层叠叠，甚至彼此制约。在复杂的规则序列面前，情绪除了对产生情绪的人有影响之外（可能是好的影响，也可能是坏的影响），不会对解决问题有更多帮助。

所以，在面对社会性事务的时候，包括考试竞赛、工作任务，也包括非亲密关系的人际关系，需要运用更加理性的记忆、思考、推理、判断，才有可能解决问题，减少伤害。而情绪机制，是留给远古时代拼命搏杀和逃跑的先辈们用的求生机制。

好的情绪控制能力，能够让人在平时保持平稳乐观，在面对压力的时候保持冷静，在遇到危险的时候尽量做出最优的决策，而不是盲目地像动物一样冲动任性。好的情绪控制能力，还能设定更优秀的长期目标，做出更合理的长久规划，并坚定地执行和前进。在遇到诱惑和干扰的时候，也不会轻易上当，不会放纵自己的本能欲望而中了敌人的圈套，或者被困难击倒。

反之，低情绪控制能力的本质就是弱化思考，忽略合理性，忽略规则的客观制约，只发挥作为动物的本能，放纵自己的欲望，或冲动而战，或恐惧而逃，或悲伤沮丧，或色欲眯眼，容易发力过猛，容易崩溃放弃，容易被鼓动，容易被利用，不能适应复杂的规则游戏，也就不能成为最终的胜利者。如果一个人的情绪控制能力不好，可能连和自己的亲人关系都处不好，连吵架都会彼此伤害，就更难指望他们在社会上成为栋梁之材了。

所以，家长们一定要从小有意培养孩子们的情绪控制能力。一方面增加知识和逻辑的学习，增加体育对抗的训练，让他们的大脑有更好的认知能力，另一方面要采取温暖和支持的教养方式，遇到麻烦自己先不要急，而是提供多种解决方案来尝试，给孩子做示范。只要认知够多、解决方案够多，压力之下激发的情绪就自然会减少，人就会逐渐变得理性而广博。

即使遇到逆境、困难或者伤害，真的产生了情绪也没有关系。每个人都会有情绪，所不同的只是因为什么激发了情绪，以及情绪的激烈程度。所以，真的面对自己的情绪时，家长要教会孩子三件事：接受坏情绪，享受好情绪，在关键时刻控制自己的情绪，冷静地让理性来进行决策。拥有这种能力的孩子，将受益终身。

# 7 总结：教养过程中遇到困惑与迷茫时如何应对？
## ——言传身教，心如明镜

亲爱的家长，当你阅读到这里的时候，已经在脑海中牢牢安装了两个程序。

第一个程序是理解青春期的孩子们为什么会出现那么多状况，以及应该如何对待他们人生中最特殊的这个时期。

总结成非常重要的三点，那就是：

第一个核心知识点，孩子们的身体开始高速地发育。这种从骨骼到肌肉、到内分泌、到神经系统的全面高速发育是成年人无法感受和理解的。他们的神经系统对自己身体的感受也是难以描述的。很多时候，他们看问题的视角、对待世界的态度、对待大人的说教和关心所采取的反应，都是基于这种非常敏感和多变的视觉、听觉、味觉、嗅觉，以及他们对自己运动能力的感受，还有自己所不知道的内分泌的激素带来的身体变化。

所以，当我们作为家长来引导他们成长为成年人的时候，就要理解这些身体内部的巨变，至少要懂得他们作为一个自我感觉良好（甚至可能是一生中感觉最好的峰值状态）的"小动物"，有一些轻慢、一些狂妄，是完全可以理解并应该被接纳和引导的。家长不要去揣测他们"是不是因为恶意的动机来故意挑衅我们的尊严？"

第二个核心知识点，他们的头脑发育速度是人生中的峰值，包括认知能力、社交能力、情绪感受能力和抽象思维、理性思维、逻辑思维的能力。家长一定要了解的是，这些高速的头脑发育是有先后顺序的。很多孩子都是先发育情绪感受能力，探索情绪的体会、边界和触发模式，后来才能发育出理性的逻辑思考能力，开始能接受和自己想法不一样的客观世界和多样性的其他人。

家长一定要知道，在刚刚开始进入青春期发育的时候，孩子那些莫名其妙的态度并不一定是故意要发脾气，或者故意要变得高傲、冷漠，而是他自己也无法控制，这些过程和表现正是他从"小宝宝"变成成年人的一个必要阶段。只有到十五六岁，当他的前额叶皮层开始发育之后，才能渐渐地把冷静的理性思考能力和抽象思考能力发育起来，来达成自己理性和感受的平衡。到了那个阶段，家长会觉得相处开始变得省心了，孩子也变得通情达理好沟通了。

但倘若家长在孩子早期发育情绪感受和应对能力的时候处理不当，错误地采取管制、呵斥、打压、冷落、惩罚等，会造成孩子无助的恶劣感受和亲子关系矛盾。因为孩子的小脑袋在那个阶段不但不能理解家长的合理建议，反而还会放大自己的负面感受，把爱当成恨，因为他那时不具备完整的理性思考能力。这就是其中的奥妙。

所以，青春期为什么对孩子和家长都很敏感？就是因为一边变化大，一边处理难。家长要做到一个非常精致的控制，既要尊重孩子不能自已的情绪感受，尊重巨变的客观规律，又不能放纵或打压，不能采取两种极端方式来进行应对，家长需要学会接纳不完美的小孩（暂时的），并耐心加以引导。这样的高维度思维和应对方式，才能让孩子平稳过渡。

总之，建议家长也可以参考大五人格里非常重要的宜人性、尽责性和开放度来进行自我建设。

宜人性高表现为关心孩子的感受，替他们着想。学习完本书的内容之后，一定能具备这样的能力。

尽责性高表现为说到做到，不乱说话乱承诺，也不逃避责任，有问题要勇于担当，以身作则。

开放度高表现为尊重事实，而不是强调身份。要能够接受孩子的新变化和多样性，而不要死板地一味按照自己的想法来管控他。

最后，家长自己首先要做到情绪控制能力较好，不会随便被即将变成青年人的小辈所激怒,能够始终保持冷静的认知和合理的应对。

第三个核心知识点就是同一性。这个培养孩子完整人格的目标在家长心中一定要清晰。

一个完整的人格特质会包括开放的心态,善于自己做决策和优化决策,并愿意为自己的决定承担后果。这三个大的目标就是完整人格的具体描述。家长在孩子整个青春期中要注意,在和孩子相处的点点滴滴里,都要有意识朝着这三个目标去前进。

比如说,开放心态意味着不能太过偏执,家长的偏执会引起孩子的偏执;也不能太过放纵,家长的放纵会让孩子无法无天,过早关闭认知的开放度,两者都不健康。

又比如说,擅长决策意味着家长不要大包大揽,凡事都替孩子做决定,形成绝对的权威。这样会让孩子不懂得如何做决策,在将来的人生中会遇到大量的困惑和痛苦。同时,家长也不能由着孩子性子来,允许他们想怎样就怎样,这样会养出胆大妄为、肆意张狂的孩子,最终被这个世界惩罚。家长应该允许并鼓励孩子自己思考,自己制定决策,当他们的决策不够合理的时候,给予指导和更优秀的方案建议。

最后,家长要训练小朋友自己的事情自己做,不要过于怜悯,也不要过于纵容。当然也不要把不该归属于孩子的责任推到他稚嫩的肩膀上。要刻意训练出一个良性的循环：孩子自己的决策所引发的后果要自己敢于面对、勇于承担。当然，爸爸妈妈会托住底盘，保证孩子的基本安全，但不意味着孩子可以始终生活在无忧无虑的环境里。必要的时候，家长要让孩子承受一定的痛苦和考验，这样才能促使他形成不断自我纠正和优化的核心动力。

第二个程序，就是无论大事小情，无论和谐还是矛盾，当你迷茫、困惑、不知该如何具体处理的时候，按照大五人格的培养框架去处理，即尊重孩子的内外向天性，扬长避短，培养孩子的高宜人性、高尽责性、高开放度和情绪控制能力，一定能把孩子培养成实力充沛、魅力十足的人。他们在自己未来的道路上，能够凭借家长培养出的一身优秀本领，创造好的生活，克服种种困难，享受美好的情感，获得高质量的幸福人生！